Die Zukunft der Geschichte

Das Buch

Wozu brauchen wir im 21. Jahrhundert Geschichtskenntnisse? Stehen nationale Geschichtsschreibung und Globalisierung nicht im Widerspruch? Wie lauten die Konsequenzen aus der Pisa-Studie? Welche Erkenntnisse liefert uns das Phänomen des »Heiligen Kriegs«? Christian Graf von Krockow erörtert die Geschichtsfähigkeit Deutschlands – und nähert sich einer Antwort, indem er die Reaktionen auf den 11. September hinterfragt. Die gängige Meinung, einen Gewaltakt wie diesen habe es noch nie gegeben, lehnt er ab. Stattdessen sieht er Parallelen zwischen dem islamischen Fundamentalismus und dem Nationalsozialismus und folgert daraus, dass Geschichtskenntnisse unerlässlich sind für den Umgang mit den gegenwärtigen Problemen. Historisches Wissen aber scheint in unserem Land nicht mehr gefragt zu sein. An seine Stelle ist eine Gedenkkultur gerückt, die sich in bloßen Gesten erschöpft – und eine Politik, die den Bildungsnotstand zwar beklagt, sich der Dringlichkeit einer neuen Art der Wissensvermittlung jedoch verschließt. Ein höchst aktuelles Buch zum Zustand unseres Landes und den für seine Zukunftsfähigkeit notwendigen Änderungen in Bildung, Politik und Geschichtsbewusstsein.

Der Autor

Christian Graf von Krockow, geboren 1927 in Hinterpommern, wurde 1961 Professor für Politikwissenschaft. Seit 1969 war er als freier Wissenschaftler und Schriftsteller tätig. Er erhielt mehrere Auszeichnungen und gilt als einer der führenden Publizisten im Bereich der preußischen und deutschen Geschichte. Krockow starb im März 2002 im Alter von 74 Jahren.

In unserem Hause sind von Christian Graf von Krockow bereits erschienen:

Einspruch gegen den Zeitgeist
Hitler und seine Deutschen
Über die Deutschen

Christian Graf von Krockow

Die Zukunft der Geschichte

Ein Vermächtnis

List Taschenbuch

Besuchen Sie uns im Internet:
www.list-taschenbuch.de

Umwelthinweis:
Dieses Buch wurde auf chlor- und säurefreiem Papier gedruckt.

List Verlag
List ist ein Verlag des Verlagshauses Ullstein Heyne List GmbH & Co. KG.
1. Auflage Januar 2004

Umschlagkonzept: HildenDesign, München – Stefan Hilden
Umschlaggestaltung: Hauptmann und Kampa Werbeagentur, München – Zürich (unter Verwendung eines Werkes von Anselm Kiefer, »Über euren Städten wird Gras wachsen«, 1999)
Druck und Bindearbeiten: Clausen & Bosse, Leck
Printed in Germany
ISBN 3-548-60381-5

Inhalt

Vorwort

Die Klagen sind allgemein, dass wir oder jedenfalls die, die nach uns kommen, von der Geschichte kaum noch etwas wissen. Fast beliebig lassen sich dafür Beispiele beibringen, die man je nach Laune für komisch oder erschreckend halten mag. Ein bekannter Historiker verbürgt sich dafür, dass Schüler ernsthaft fragten, ob Hitler »vor Asterix oder danach« war.[1]

Aber weder das Klagen hilft weiter noch das Schimpfen auf den Unterricht oder die Lehrer, die offenbar nichts mehr taugen. Die jungen Leute wissen sehr gut, was sie brauchen, um ihr Leben zu bestehen, nämlich den Umgang mit Computer und Internet, und oft beschämen sie die Älteren mit den Fertigkeiten und der Fantasie, die sie dabei entwickeln. Hierzu benötigen sie das Überlieferte nicht, eher behindert es sie, und wenn sie uns das sagen, sollten wir nicht widersprechen, weil es die Wahrheit ist. Die Wissensgesellschaft, in der sie einmal leben sollen, richtet sich, so scheint es jedenfalls, technisch beflügelt zur Zukunft und hat mit dem Vergangenen nichts mehr zu tun.

Der Sachverhalt nimmt sich umso merkwürdiger aus, als es ja sozusagen einen Geschichtsbetrieb gibt, der auf vollen Touren läuft. Ausstellungen und Museen locken

Scharen von Besuchern an, und so viele einschlägige Bücher überschwemmen den Markt, dass es immer schwieriger wird, beim einen oder anderen Thema noch halbwegs den Überblick zu bewahren. Aber dieser Betrieb berührt allenfalls die Oberfläche des öffentlichen und privaten Bewusstseins; er bewegt uns wenig und dringt nicht in die Tiefe. Dort regiert entweder eine dumpfe Verstocktheit, die Vorurteile erbrütet, oder – noch weitaus stärker – die schiere Gleichgültigkeit. Auch die moralisch aufgeladene Verfestigung des Vergangenen zu einer ständig beschworenen »Gedenkkultur« führt auf die Dauer nicht weiter.

Der Beleg für das Gesagte hätte kaum drastischer ausfallen können als in den Reaktionen auf den Schrecken des 11. September 2001. Der Terrorismus konfrontiere uns mit etwas vollkommen Neuem und noch Unbekanntem, war überall zu hören: nicht mit geschichtlichen Erfahrungen, sondern mit der Zukunft, den Konflikten des 21. Jahrhunderts. Wenn man aber von den Wortverkleidungen und den technischen Mitteln einmal absieht, dann ist das vollkommen abwegig. Genau dies – die offene Gesellschaft der westlichen Zivilisation als den Feind und den Kampf gegen sie im Fanatismus, in der Todesbereitschaft und im Töten – hat es schon einmal gegeben: mitten in Europa, in Deutschland. Die Übereinstimmung zwischen den Triebkräften der Gewaltherrschaft des »Dritten Reiches« und denen der heutigen Terroristen reicht bis in die Einzelheiten hinein, und es wird davon die Rede sein. Wer sie übersieht, zeigt eine Geschichtsblindheit, über die man nur staunen kann und die unserer »Gedenkkultur« ein verheerendes Urteil ausstellt.

Doch umso weniger dürfen wir uns damit abfinden, dass die Geschichte in der Geschichte versinkt und keine Zukunft mehr hat. Dies müsste sich als lebensgefährlich erweisen. Was aber offensichtlich ans Ende gelangt, ist das bisherige, in der Neuzeit entwickelte Geschichtsbewusstsein, an das wir uns gewöhnt haben, als könnte es kein anderes geben. Seine Voraussetzungen sind entfallen. In allen Spielarten, von den revolutionären bis zu den konservativen, stammte es aus dem Spannungsverhältnis zwischen den Mächten des Überlieferten und den Kräften der Utopie, die seit Beginn der Neuzeit Europa bestimmten. Es gibt sie nicht mehr. Wenn wir nach ihnen suchen, bewegen wir uns in Geröllhalden oder im Gespensterspuk der Ruinen, und kein Leben erblüht mehr aus ihnen, schon gar nicht ein Verständnis für die Konflikte der Gegenwart und der Zukunft.

Davon spricht dieses Buch: So nüchtern wie nur möglich will es die Illusionen verabschieden. Zugleich aber soll gezeigt werden, wie ein neues Geschichtsverständnis aussehen könnte, das dazu hilft, die Herausforderungen zu bestehen, die uns erwarten.

Von der Überlieferung zur Zukunft

Unsere Vorfahren, die vor ein paar Jahrhunderten lebten, brauchten die Geschichte nicht, und darum wussten sie wenig von ihr. Doch umso besser kannten sie sich im Überlieferten aus. Denn das war der Stoff, aus dem ihre Welt gemacht war. Das Vergangene war nicht vergangen, sondern ragte in die Gegenwart hinein. Oder mehr noch: Es bestimmte sie, und darum begegnete man dem Überlieferten mit Ehrfurcht.

Bei uns ist es genau umgekehrt. Wir verfügen über ein historisches Wissen, das sich ins Unendliche dehnt, und es vermehrt sich immer weiter, von Fachleuten verwaltet, in Forschungsberichten, Akten und Archiven gespeichert, auf Mikrofilmen gesichert und in Tresoren feuerfest gelagert. Aber in Wahrheit lassen wir dieses Wissen hinter uns; es geht uns kaum noch etwas und immer weniger an. Die Wissensgesellschaft, der wir zustreben, ist dazu bestimmt, im globalen Konkurrenzkampf den Herausforderungen der Zukunft gewachsen zu sein, und dafür brauchen wir den technischen Fortschritt samt all den Informationsmöglichkeiten, die er uns liefert, aber nicht die Geschichte. Die verabschieden wir – höflich, wie es sich gehört –, indem wir Gedenkstätten errichten. Dort mögen dann Staatsmänner ihre Kränze niederlegen und die

Schleifen mit den Inschriften zurechtzupfen, damit Gott oder wer auch immer sie liest. Unmerklich, doch umso nachhaltiger verwandelt sich die Beschäftigung mit dem Vergangenen zum bloßen Ritual ohne Gehalt.

Dass unsere Vorfahren mit dem Überlieferten lebten, galt ganz alltäglich. In aller Regel wohnte man Generation um Generation am selben Ort, oft sogar im selben Haus und durchweg mit dem ererbten Hausrat. Denn jede Neuanschaffung war kostspielig und darum der Gebrauchswert an seiner Dauer zu messen. Marion Gräfin Dönhoff hat von einem ihrer Vorväter berichtet, der am Anfang des 19. Jahrhunderts Tagebuch über seine Ausgaben führte, einem vornehmen Herrn, der über viele tausend Hektar Land verfügte.

»Man kann sich die Bescheidenheit, mit der damals der Eigentümer eines großen Besitzes lebte, kaum vorstellen. In seinen langen, schmalen Ausgabenbüchern stand in der Rubrik ›Kleidung‹ über viele Jahre als einzige Aufwendung immer nur verzeichnet: Schuhe besohlen, Kragen wenden oder ausbessern und neues Futter für eine Jacke. Ähnlich spartanisch geht es in der Spalte ›Vergnügungen‹ zu: Ganz selten geht er einmal in Königsberg ins Theater, meist beschränken sich die Eintragungen auf ein Glas Bier, zu dem er irgendjemand eingeladen hat, nur selten versteigt er sich zu Wein. Als ihm angeboten wird, Generallandschaftsdirektor [von Ostpreußen] zu werden, lehnt er ab – er könnte es sich nicht leisten, die Uniform, die dafür obligat sei, anzuschaffen.«[2]

Und wie dann erst die Vielzahl der kleinen Leute! Für sie hätte sich ein Ausgabenbuch gar nicht erst gelohnt, weil man ohnehin jeden Pfennig dreimal umdrehte, bevor man ihn ausgab (sofern man ihn nicht vertrank und dafür Weib und Kinder dem Elend preisgab). Der »gute Anzug«, den man zur Hochzeit anschaffte, für die man sich tief verschuldete, musste ein Leben lang halten, und der Bauern- oder Fuhrpelz vererbte sich wie Bibel und Gesangbuch von Generation zu Generation.

Zur Herkunft passte wiederum das Verhalten, vorab die Arbeit. Der Enkel führte die Sense mit keinem anderen Schwung als der Großvater, und der Waschtag der Frauen glich dem der Urgroßmütter. So überall: Das Überlieferte steckte handgreiflich in den Dingen, den Gerätschaften und dem Umgang mit ihnen. Sehr wenig änderte sich; das Bleibende, nicht der Wandel, bestimmte den Horizont des Daseins, und nicht aufs Neue, sondern auf das Gewohnte, auf Erfahrungen statt auf Erfindungen kam es an.

Entsprechend die Zeit: Auch sie sprach vom Überlieferten. Sie stellte sich als ein Kreisgang des Werdens und Vergehens, als immer währende Wiederkehr dar. Dass sie unwiederbringlich hinter sich lässt, was gestern noch galt, dass sie fortschreitet in eine Zukunft hinein, von der wir nur wissen, dass sie anders sein wird als die Gegenwart, hätte das Verständnis unserer Vorfahren überfordert. Der Kreisgang erschien als vorgegeben wie Tag und Nacht, wie die Jahreszeiten, wie Aussaat und Ernte, Geburt und Tod. Er war die Natur, in die sich, gebrechlich genug, alles Menschenwerk einzufügen hatte, die Feste ebenso wie die Fron der Arbeit.

Aber die Natur unserer Vorfahren glich der durchaus nicht, die wir in mathematischen, chemischen, physikalischen Formeln beschreiben und biogenetisch entschlüsseln, um sie uns dienstbar zu machen. Sie war Schöpfung, von Gott oder den Göttern gemacht, oft auch bevölkert von Dämonen, von guten und bösen Geistern. Die Beseelung der Natur stellte einen Kunstgriff, um nicht zu sagen eine Zwangshandlung dar, doch sinnfällig genug: Mit

Göttern und Geistern konnte man umgehen, vielleicht sogar sie beeinflussen. Darum gehörte zum wirklich Lebenswichtigen das Gebet, die Beschwörung, die Opfergabe, wiederum zur Überlieferung verdichtet in den Formen des Glaubens, im Ritual – doch nicht entleert wie in der Gegenwart, sondern von der Heiligung durchschauert, von der immer währenden Not getrieben. In älteren Gesangsbüchern findet man noch die Lieder und Gebete, die davon sprechen und aus modernen Ausgaben verschwunden sind, etwa diese Bitte um das tägliche Brot, die so beginnt:

»Ach Gott, du himmlischer Vater, wie elende Menschen sind wir doch, daß wir uns wegen der Erhaltung dieses schwachen, sterblichen Leibes so sehr bekümmern und wegen der unsterblichen Seele so geringe Sorge tragen. Um der so teuren Seele willen, welche wir allezeit deinen treuen Händen wollen übergeben sein lassen, gieb auch dem Leibe seine Notdurft und das liebe tägliche Brot, welches uns dein Sohn kindlich von dir zu bitten befohlen hat, und laß uns dieses flüchtigen Lebens wegen nicht von so quälenden Sorgen gemartert werden. Erbarme dich doch, lieber Vater, über uns arme Menschen, die wir ohne deine milden Gaben verderben und sterben müßten.«[3]

Auch die Organisation des Zusammenlebens, die Verteilung von Macht und Besitz hatte mit der Überlieferung zu tun; in der Regel vererbte sie sich in der Kette der Generationen vom Vater auf den ältesten Sohn. Daran schieden sich Recht und Unrecht. Einmal mehr könnte man von einem Kunstgriff sprechen, um den Konflikt zu vermeiden. Denn über das, was schon vorweg die Natur, also Gott entschieden hatte, musste man nicht mehr mit Menschengewalt kämpfen. Allerdings blieb dieser Kunstgriff so brüchig wie alles Menschenwerk; immer gab es den Erbstreit, manchmal den Krieg um Erbansprüche, die Rache, den Ehrgeiz des Eroberns und Herrschens, die Gier des Beutemachens.

Gegen die Brüchigkeit versucht man sich doppelt zu schützen: einerseits durch die Heiligung des Herrschers. Er wird vom ehrwürdigen Ritual wie von einem Schutzzaun umstellt. Teils richtet er sich nach innen gegen die Willkür der Macht, teils nach außen gegen die Thronräuberei. Gott hat den Regenten eingesetzt, und er selbst muss sich an Gottes Gebote ebenso halten wie seine Untertanen. Andererseits nimmt der Schutz im Bau von Burgen und Stadtmauern handfeste praktische Formen an; nicht von ungefähr zählen wir neben den Tempeln und Domen das, was sich von ihnen erhalten hat, zum »Kulturerbe der Menschheit«.

Krieg und Eroberung mögen Schrecken verbreiten und den Besiegten die Vernichtung oder Versklavung bringen. Doch sogar der mächtigste Herrscher kann die Grundbedingungen des überlieferten Lebens nicht antasten, zum Beispiel nichts daran ändern, dass die große Mehrheit der Menschen ans Land, an die Landwirtschaft gekettet bleibt, um im Schweiße ihres Angesichts für sich und für wenige über sich selbst hinaus das tägliche Brot zu schaffen. Was wir »Politik« nennen, erweist sich durchweg als ein Luxusgut dieser wenigen, die es sich leisten können, um die Macht zu kämpfen, für die vielen dagegen als etwas, das man gleichsam als eine zweite Natur duldend hinzunehmen hat wie reiche Ernten oder den Hunger, wie Sonnenschein, den Regen oder den Hagelschlag und die Seuchen. Entsprechend betet man für die Weisheit der Obrigkeit wie fürs Gedeihen der Feldfrucht und des Viehs.

»Für die lieben Feldfrüchte« heißt es nach Martin Luther: »Lieber Herr Gott, behüte gnädiglich die Früchte auf dem Felde, reinige die Luft, gieb gedeihlichen Regen und gut Wetter, daß die Früchte wohl geraten, auch nicht vergiftet werden und wir mit dem Vieh daran essen und trinken allerlei Krankheiten.« Und »für Kaiser und Obrigkeit« betet man nach Johann Arndt, 1555–1621: »Ach Gott, du Herr aller Herren und König aller Könige, du Herrscher über den ganzen Erdenkreis, der du alle Obrigkeit hast eingesetzt und gesagt durch deinen werten Apostel: ›Es ist keine Obrigkeit ohne von Gott; wer der Obrigkeit widerstrebt, der widerstrebet Gottes Ordnung‹: gieb mir, lieber Vater, und lehre mich, daß ich die Obrigkeit für deine Ordnung erkenne, dieselbe fürchte, liebe und ehre; und verleihe Gnade, daß ich und alle Untertanen durch sie mit Gerechtigkeit regiert und geschützt werden, auf daß ich unter ihr ein stilles, geruhiges Leben führen möge in aller Gottseligkeit und Ehrbarkeit.«

Die Lebenswelten und Ordnungen, in denen die Menschen sich auskennen, stellen sich engräumig umgrenzt, fragmentiert dar. Denn alle Wege ins Weite führen nicht nach Rom, sondern ins Gefährliche und Unbekannte. Die Handelsverbindungen, die es dennoch gibt, sind dünn geknüpft; nur wenige haben wirklich mit ihnen zu tun. Und die Waren, die eine Beförderung lohnen, sind nicht für den Alltagsgebrauch, sondern für den Luxus bestimmt, vielleicht vom Salz abgesehen: Seidenstoffe, Gewürze, Gold und Silber, Edelsteine, Bernstein, Produkte des Kunsthandwerks.

Lange genug bleibt zweifelhaft, ob jenseits der Berge oder der Meere auch Menschen leben und nicht etwa Dämonen, Ungeheuer, Hexen und Zauberinnen sich dort ein Stelldichein geben – man lese die Odyssee. Selbst Großreiche wie das Römische Imperium überspannen doch nur die Vielzahl der Provinzen, in denen die Völker oder Stämme wirklich zu Hause sind. Völkerwanderungen, wodurch auch immer angestoßen, bestätigen als Ausnahmen die Regel der Sesshaftigkeit; sie zielen nicht auf die

Mobilität als Prinzip, sondern darauf, dort wieder sesshaft zu werden, wo die Lebensgrundlagen gesichert sind. Übrigens nehmen sich auch die gelehrten Raumvorstellungen eher abenteuerlich aus, wie noch viele Landkarten der frühen Neuzeit zeigen. Erst James Cook wird zum Pionier exakter Vermessungen, und der unternimmt seine berühmten Entdeckungsreisen in der zweiten Hälfte des 18. Jahrhunderts.

Wie beim Blick in die Weite des Raums ist es bei der Rückschau in die Geschichte, sobald sie die eigenen Erfahrungen und Erinnerungen überschreitet. Natürlich gibt es Inschriften, die sich (später) entziffern lassen und Datierungen erlauben. Doch bereits die Berichte oder Chroniken, die hier oder dort entstehen, lassen sich nur mit Vorsicht verwenden. Manchmal handelt es sich um gezielte Fälschungen. Ein Beispiel, eines für viele, liefert die »Konstantinische Schenkung«[4]. Im Mittelalter diente sie dazu, die Herrschaftsansprüche der Päpste zu begründen. Und beinahe alltäglich geht es darum, das Handeln der Heiligen und Helden zu verherrlichen oder das Böse bloßzustellen. Oft, fast durchweg und kaum unterscheidbar, geraten die Tatsachen und die Legenden, die Sachkunde und die Dichtung ineinander, weil der Zweck der Niederschriften nicht die Darstellung von Geschichte, sondern das Erzählen von erbaulichen Geschichten ist. Herodot, der griechische »Vater der Geschichte«, der im fünften Jahrhundert vor Christus lebte, steht mit der Genauigkeit seiner Berichte für zwei Jahrtausende beinahe einzig da. Auf dem Gegenpol finden wir die biblischen Evangelisten Matthäus, Markus, Lukas und Johannes, die nicht Tatsachen, sondern eine Glaubensbotschaft übermitteln wollen, mit dem Ergebnis, dass den modernen Leben-Jesu-Forschern fast nichts als gesichert erscheint. Die Masse der Darstellungen bewegt sich irgendwo zwischen diesen Extremen.

Warum eigentlich nicht? Wozu braucht man überhaupt »die Geschichte«, wenn man ganz selbstverständlich und alltäglich im Überlieferten zu Hause ist? Die Antwort heißt: eben zum Erzählen von erbaulichen Geschichten. Die Märchenformel »Es war einmal …« zielt auf eine andere Wirklichkeit als die der beweisbaren Tatsachen: auf die Welt der Träume oder Alpträume, der Hoffnungen und Ängste. Entsprechend die Legenden und Mythen, die umrankten und überdeckten, was einst geschah. Am mittelalterlichen Kaiser Friedrich I. (oder Friedrich II.) von Hohenstaufen war nicht so wichtig, wann genau er gelebt und was er getan hat, sondern was Friedrich Rückert einer volkstümlichen Sache nachdichtet:

»Der alte Barbarossa,
der Kaiser Friederich,
im unterird'schen Schlosse
hält er verzaubert sich.

Er ist niemals gestorben,
er lebt darin noch jetzt;
er hat im Schloß verborgen
zum Schlaf sich hingesetzt.

Er hat hinabgenommen
des Reiches Herrlichkeit
und wird einst wiederkommen
mit ihr, zu seiner Zeit.«

Ähnlich die Legenden von Heiligen. Nicht auf den Realitätsgehalt der Wunder kommt es an, die ihnen zugeschrieben werden, sondern auf den Glauben, der die Berge versetzt: darauf, dass es Nothelfer gibt, die man anrufen kann. Dass die Reformation mit dem Heiligen aufräumt, erweist sich als eher problematisch. Denn in ihrem Alltag »unmittelbar zu Gott« zu sein überfordert die Menschen – und womöglich sogar Gott.

Unter noch älteren Verhältnissen, im Banne von Naturreligionen, gibt es die Totemtiere. Familien, Stammesgruppen, Völker identifizieren sich mit einem Tier, beschwören, verkörpern es im Tanz, um seiner Stärke und Schnellkraft teilhaftig zu werden. Manches davon reicht bis in unseren Kulturkreis hinein; kaum von ungefähr wimmelt es in den Wappen von Adelsfamilien, Fürstenhäusern und Nationen von Bären und Büffeln, Löwen und Adlern.

Um in den christlichen Bannkreis zurückzukehren und schon nahe an die Gegenwart heranzurücken: Noch im Zweiten Weltkrieg lautete der Eid, den die Angehörigen der polnischen Untergrundarmee leisteten: »Vor Gott dem Allmächtigen, vor der heiligen Jungfrau Maria, der Königin der Krone Polens, lege ich meine Hand auf dieses heilige Kreuz, Symbol des Märtyrertums und der Erlösung, daß ich die Ehre Polens mit aller meiner Kraft verteidigen will, daß ich mit den Waffen in der Hand kämpfen werde, um mein Vaterland von der Sklaverei zu befreien, bereit, mein Leben zu opfern.« Das mag uns altertümlich vorkommen, und vielleicht war es das auch. Aber zur selben Zeit schworen deutsche Soldaten, barbarisch modern, dem Führer Adolf Hitler in einer Knechtsformel *unbedingten Gehorsam*.

Was unsere Vorfahren prägte, gewinnt seine Konturen im Kontrast zur Gegenwart. Wir leben im Banne der Zukunft, von der wir täglich zu hören bekommen, dass wir uns auf ihre Herausforderungen einrichten müssen, wenn wir nicht zum »alten Eisen« geworfen werden wollen.

Was zählt da noch das Überlieferte, es sei denn als Ballast? Im Jahre 1835 schrieb der große Franzose Alexis de Tocqueville: »Mitten in einem reißenden Strom heften wir die Augen hartnäckig auf einige Trümmer, die man noch am Ufer wahrnimmt, während die Strömung uns mit sich führt und rücklings dem Abgrund zutreibt.«[5] Inzwischen stimmt auch das nicht mehr; die Blicke, die Erwartungen richten sich voraus auf das Unbekannte, dem wir entgegengehen. Um im Bilde zu bleiben: Die Ufer samt Leuchttürmen oder Trümmern liegen längst hinter uns; wir steuern übers offene Meer und wissen nicht einmal, wohin. Dass wir dabei Verluste erleiden, bekümmert allenfalls noch empfindsame Außenseiter wie den Dichter Rainer Maria Rilke, der vor achtzig Jahren schrieb:

»Noch für unsere Großeltern war ein ›Haus‹, ein ›Brunnen‹, ein ihnen vertrauter Turm, ja ihr eigenes Kleid, ihr Mantel: unendlich mehr, unendlich vertraulicher; fast jedes Ding ein Gefäß, in dem sie Menschliches vorfanden und Menschliches hinzusparten ... Die belebten, die erlebten, die uns mitwissenden Dinge gehen zur Neige und können nicht mehr ersetzt werden. Wir sind vielleicht die Letzten, die noch solche Dinge gekannt haben.«[6]

Auch das ist schon lange her und eine Sorge von gestern; der eigentliche, alltagswirksame Aufbruch in die Zukunft beginnt erst nach 1945, doch dann umso unwiderstehlicher. Von Marion Gräfin Dönhoff wird erzählt, dass eine Freundin ihr zusetzte: Sie könne im vornehmen Hamburg ihren uralten, fast schon zerfledderten Trenchcoat nun wirklich nicht mehr tragen. Darauf die Gräfin, überrascht und traurig: »Aber der stammt doch noch aus Ostpreußen!« Das erinnert an die Geschichte, die die Gräfin selbst von ihrem Vater erzählt hat. Ein Freund fragte ihn: »Sag mal, wer trägt eigentlich deine Anzüge, wenn sie neu sind?«[7]

Doch so liebenswert sich das anhören mag: Es sind Geschichten aus der Vergangenheit. Wir begnügen uns nicht mehr mit der Flickschusterei, sondern tragen das jeweils Modische zu Markte. Was sollen denn sonst die Leute von uns denken, etwa dass wir nicht mithalten können?

Entsprechend die Geräte. Ohne Skrupel überantworten wir das alte Fernsehgerät, den Kühlschrank oder die Waschmaschine der Müllabfuhr. Dabei wissen wir den Gebrauchswert der Dinge durchaus zu schätzen, zum Beispiel die Ersparnis an Zeit und an Mühe, den Zugewinn an Bequemlichkeit oder Hygiene, die sie uns eintragen – nur eben auf Widerruf, bis zur Verfügbarkeit des noch Besseren. Dass wir unsere Nüchternheit mit der Sentimentalität auspolstern und unsere Wohnzimmer mit Barockengeln, die Hauswände mit Dreschflegeln und die Vorgärten mit Brunnengemäuer schmücken (wie die Einkaufszentren der Städte mit Blumenkübeln und Ziegelbepflasterung), widerlegt den Tatbestand nicht, sondern bestätigt ihn im Kontrast.

Heute verkünden die Firmen, die etwas auf sich halten, dass es die Hälfte der Produkte, die sie uns anbieten, vor fünf Jahren noch gar nicht gab und dass die anderen, leider schon älteren, entscheidend verbessert wurden. Anders kann man sich nicht mehr behaupten. Und wie die Produkte, so die Mitarbeiter der Firmen. Die Berufe, die man einmal erlernte und dann lebenslang ausübte, sterben aus.

Erfahrungen zählen bei alledem immer weniger. Es kommt nicht mehr darauf an, sie zu speichern und weiterzugeben, sondern das Kommende zu erfassen, es wenn möglich selbst zu erfinden und durchzusetzen. Entsprechend verändert sich das Verhältnis der Generationen; die Nachfrage gilt nicht mehr der Weisheit des Alters, sondern der Lernfähigkeit der Jugend. Ironisch spiegelt sich der Sachverhalt in dem Umstand, dass es immer mehr alte und immer weniger junge Menschen gibt. Oder, genauer: Es entspricht dem Marktgesetz von Angebot und Nachfrage. Was man massenhaft anbietet, verliert seinen Wert, während die knappen Güter Rekordpreise erzielen.

Der Rekord mit dem heimlich oder unheimlich stets schon eingebauten Verfallsdatum, das Überbieten des bisher für möglich Gehaltenen, gehört überhaupt zu den Symbolen der Zeit, wie auf der Gegenseite das Müllgebirge oder die Schrotthalde. Auf sie werden nicht nur die Geräte geworfen, die wir gestern noch brauchten, sondern auch menschliche Fähigkeiten und Erfahrungen. Wer stehen bleibt und sich auf das verlässt, womit er bisher erfolgreich war, befindet sich schon auf der abschüssigen Straße, an deren Ende die Arbeitslosigkeit, die zwangsweise Frühpensionierung oder der Konkursrichter wartet. Höher, weiter, schneller: Mit Hilfe der Satelliten, die wir ins Weltall schießen, sehen wir in »Jetztzeit«, was in anderen Erdteilen geschieht, und unterhalten uns mit Leuten in Australien oder Neuseeland, als seien es die Nachbarn vom Balkon nebenan.

Das führt zum Stichwort »Globalisierung«; man könnte von der Entgrenzung als einem Prinzip sprechen. Mit Recht ärgern wir uns über die Grenzziehungen der Vergangenheit, die noch Schatten in die Gegenwart werfen, und über den Zeitverzug, den sie verursachen. Die Mobilität gehört zu den modernen, allein noch zukunftsträchtigen Existenzbedingungen und Menschenrechten. Als ein Staat wie die DDR sich mit seinem Mauerbau abschottete, rettete er sich kurzfristig vor dem »Wolfsgesetz« kapitalistischer Konkurrenz – und verurteilte sich zugleich schon zu seinem Untergang.

Das Schicksal der DDR liest sich wie aus einem Lehrbuch. Sein Leitsatz sagt: Die Abschottung hilft nicht. Sie versperrt die Orientierung, führt zu Illusionen und leitet den Niedergang ein. Mit Stefan Heym zu reden: »Im Schatten des antifaschistischen Schutzwalls ließ sich's gut träumen, daß das sozialistische Leben in der DDR heil sei und in Ordnung; die da die Partei und den Staat führten, verschlossen Augen und Ohren gegenüber den Gedanken und Gefühlen der Menschen im Lande und beharrten auf ihren verfehlten Methoden und Schlagworten.«[8]

Gerade Marxisten hätten das Lehrbuch eigentlich kennen und beherzigen sollen, denn im »Kommunistischen Manifest« von Karl Marx und Friedrich Engels aus dem Jahre 1848 steht prophetisch geschrieben – und wohlgemerkt als ein Loblied: »Die Bourgeoisie reißt durch die rasche Verbesserung aller Produktionsinstrumente, durch die unendlich erleichterten Kommunikationen alle, auch die barbarischsten Nationen in die Zivilisation. Die wohlfeilen Preise ihrer Waren sind die schwere Artillerie, mit der sie alle chinesischen Mauern in den Grund schießt, mit der sie den hartnäckigsten Fremdenhaß der Barbaren zur Kapitulation zwingt.« Diese Vision ist nach anderthalb Jahrhunderten zur Wirklichkeit und der Wettbewerb tatsächlich universal geworden; mit den gleichen Mitteln und höchst erfolgreich schießen die Chinesen, die Japaner, die Koreaner und andere asiatische Nationen inzwischen zurück.

Aber das Lehrbuch fordert allgemeine Berücksichtigung: Die Abschottungen gibt es auch anderswo, zum Beispiel gegenüber der Einwanderung oder in der Form von Subventionen, die bloß der Erhaltung des Bestehenden dienen. In der Zukunft muss der Wettbewerb – weltweit – um junge, gut ausgebildete, leistungstüchtige Leute geführt oder in unserem Bildungswesen überhaupt erst entfesselt werden, und die Milliardenbeträge, die zum Beispiel über viele Jahre unserem Steinkohlebergbau zugeflossen sind, ihm immer noch zufließen, wären weitaus nützlicher für die Entwicklung unserer Hochschulen und der Forschung eingesetzt worden.

Natürlich steigen bei alledem Ängste auf, denn jeder Wettbewerb kennt neben den Siegern eine Vielzahl von Verlierern. Aber der noch so militante Protest gegen die Globalisierung und der Fremdenhass zeigen am Ende nur, dass man sich nichts zutraut und – sei es vorbewusst – sich bereits den Verlierern zurechnet; auf die Dauer helfen die Proteste und der Hass so wenig wie einst die Maschinenstürmerei und der Aufruhr schlesischer Weber gegen die Entwicklung der modernen Textilindustrie.

Zur positiven, allerdings auch zweischneidigen Bilanz gehören die Triumphe unserer Weltbemächtigung, mit geistig einschneidender Konsequenz. Die Götter und Gott haben ihre angestammten Funktionen verloren. Wenn es um die Abwendung des Unheils geht, braucht man sie nicht mehr, sondern die Polizei, die Feuerwehr oder den Notarzt. Und zur Herstellung des Heils braucht man die Halbgötter der Wissenschaft und technischen Entwicklung. Nicht Opfergaben auf Altären und Gebeten helfen, sondern die Mittel, die der Ausbildung und der Forschung zufließen. Alle Erwartungen richten sich zur Zukunft; sie soll aus dem »Noch nicht« die erfüllte Gegenwart machen. In der weiteren, doch längst absehbaren Perspektive verwandelt sich die Natur selbst zum Kunstprodukt des Herstellens und Bewahrens, jedenfalls der Hoffnung oder dem Anspruch nach von ihren angestammten Fehlern befreit. Dagegen richten moralische Bedenken oder »Ethikkommissionen« so wenig aus wie die Globalisierungsängste oder der Fremdenhass; früher oder später wird man sie alle miteinander auf die Schrotthalden befördern.

Als zweischneidig erweist sich die Bilanz unserer Weltbemächtigung darum, weil sie so viel, womöglich zu viel, in die Hand des Menschen legt. Der Ökonom Joseph Schrumpeter hat vom Prozess der »schöpferischen Zerstörung« gesprochen[9], der mit der industriellen Revolution und dem kapitalistischen Unternehmertum beginnt; in dieser Formel ist die Zerstörung ebenso enthalten wie das Schöpferische. Es ist technisch möglich geworden, die Welt zu vernichten, und diese Tatsache lässt sich niemals mehr rückgängig machen, selbst dann nicht, wenn alle atomaren, bakteriologischen und chemischen Kampfmittel beseitigt würden. Denn das Wissen, wie man sie herstellt, bleibt. »We cannot unlearn«, hat ein amerikanischer Gelehrter den Sachverhalt formuliert. Und wer will ausschließen, dass kranke Gehirne, Schurken und Schurkenstaaten sich dies zunutze machen? Wer garantiert, dass dann stets ein erfolgreicher James Bond zur Hand ist, der zum Happy End verhilft, und sei es in letzter Minute? Am 11. September 2001 gab es ihn nicht, und was wir seit diesem Tag erleben, dürfte nur ein Vorspiel der kommenden Gefahren sein. Wenn wir sie bannen wollten, brauchten wir weltweit und lückenlos gespannte Kontrollnetze, die bisher unsere Vorstellungskraft übersteigen und ihre eigene Art von Erstickungsgefahren mit sich bringen dürften.

Taugt ein so vielschichtiges und unzuverlässiges Wesen wie der Mensch überhaupt dazu, die Verantwortung des Schöpfergottes in die eigenen Hände zu nehmen? Schon im 18. Jahrhundert hat Johann Gottfried Herder in seinen »Ideen zur Philosophie der Geschichte der Menschheit« geschrieben:

»Lasset uns bedenken, was in den großen Gaben Vernunft und Freiheit liegt, und wieviel die Natur gleichsam wagte, als sie dieselben einer so schwachen, vielfach gemischten Erdorganisation, als der Mensch ist, anvertraute. Das Tier ist nur ein gebückter Sklave; wenn gleich einige edlere derselben ihr Haupt empor heben oder wenigstens mit vorgestrecktem Halse sich nach Freiheit sehnen. Ihre noch nicht zur Vernunft gereifte Seele muß notdürftigen Trieben dienen, und in diesem Dienste sich erst zum eignen Gebrauche der Sinne und Neigungen von fern bereiten. Der Mensch ist der erste Freigelassene der Schöpfung; er steht aufrecht. Die Waage des Guten und Bösen, des Falschen und Wahren hängt in ihm; er kann forschen, er soll wählen. Wie die Natur ihm zwei freie Hände zu Werkzeugen gab und ein überblickendes Auge, seinen Gang zu leiten: so hat er auch in sich die Macht, nicht nur die Gewichte zu stellen, sondern auch, wenn ich so sagen darf, selbst Gewicht zu sein auf der Waage. Er kann dem trügerischsten Irrtum Schein geben und ein freiwillig Betrogener werden; er kann die Ketten, die ihn, seiner Natur entgegen, fesseln, mit der Zeit lieben lernen und sie mit mancherlei Blumen bekränzen. Wie es also mit der getäuschten Vernunft ging, gehet's auch mit der mißbrauchten oder gefesselten Freiheit; sie ist bei den meisten das Verhältnis der Kräfte und Triebe, wie Bequemlichkeit oder Gewohnheit sie festgestellt haben. Selten blickt der Mensch über diese hinaus, und kann oft, wenn niedrige Triebe ihn fesseln und abscheuliche Gewohnheiten ihn binden, ärger als ein Tier werden.«[10]

Heute fragen wir uns mit berechtigter Sorge, ob die Natur nicht zu viel wagte, als sie den Menschen zu seiner Weltbemächtigung entfesselte. Nur eben: »We cannot unlearn«, und ein Zurück gibt es nicht, sondern einzig das unerbittliche, vom globalen Wettbewerb bestimmte »Vorwärts!«. Dabei gelangen wir gewiss nicht, wie Francis Fukuyama es behauptet hat, an ein Ende, wohl aber zu einer *neuen Form* der Geschichte.[11] Sie wird von der Ausrichtung auf die Zukunft als ihrem leitenden Zeitverständnis, von Erwartungen statt von Erinnerungen und Überlieferungen bestimmt.

Aber die Erwartungen, aus Hoffnungen und Ängsten wirr und höchst widersprüchlich gemischt, bündeln sich nicht mehr zu einer Zielvorstellung; die Träume vom sinnbestimmten Ausgang sind verflogen. Wenn man das Prosaische mit dem Ende von Goethes »Dichtung und Wahrheit« poetisch ausdrücken wollte, könnte man sagen: »Wie von unsichtbaren Geistern gepeitscht, gehen die Sonnenpferde der Zeit mit unsers Schicksals leichtem Wagen durch, und uns bleibt nichts, als mutig gefaßt die Zügel festzuhalten und bald rechts, bald links, vom Steine hier, vom Sturze dort die Räder wegzulenken. Wohin es geht, wer weiß es? Erinnert er sich doch kaum, woher er kam.« So bleibt als Vorgeschichte zurück, was einmal war und uns kaum noch etwas angeht. Mit dem, was wir bisher als Geschichte verstanden, hat es fast nichts mehr zu tun.

Wenn wir, um ein beinahe beliebiges Beispiel zu nennen, im Jahre 2001 mit einigem Aufwand den 300. Geburtstag Preußens begingen, dann handelte es sich um einen Akt der mehr oder minder sentimentalen Erinnerung ohne praktische Konsequenz, um es drastisch auszudrücken um Verzierungen wie bei den Barockengeln, Dreschflegeln und Brunnenbauten in unseren Wohnungen, an den Hauswänden und in den Vorgärten. Dagegen hilft kein Klagen, und wenn für junge Leute das untergegangene Preußen so weltenfern liegt wie Karthago, das die Römer im Jahre 146 vor Christi Geburt zerstörten, dann zeigen sie nur ihr Einverständnis mit dem Zeitgeist. Von Fabius Maximus Cunctator, dem Retter Roms vor den Karthagern, könnte man ihnen eine ebenso spannende – oder sie langweilende – Geschichte erzählen wie vom Prinzen Heinrich, dem Bruder des Preußenkönigs Friedrich, im

Siebenjährigen Krieg. Womöglich gehen wir einer Epoche entgegen, in der von der Geschichte sinnvoll einzig dieses Geschichtenerzählen bleibt, das an Märchen, Sagen oder Legenden erinnert, anders und doch ähnlich wie bei den Generationen, die noch im Überlieferten zu Hause waren. In einem späteren Kapitel werden wir darauf zurückkommen und zu zeigen versuchen, welche Bedeutung das Erzählen gewinnt.

Daran, dass die bisherige Geschichte in der Vorgeschichte versinkt, ändert die Tatsache nichts, dass es eine etablierte Geschichtswissenschaft gibt, die aktenkundig aufbereitet und beleuchtet, was früher geschah. Übrigens ist sie recht jungen Datums. Die große Zeit dieser Geschichtswissenschaft beginnt erst im 19. Jahrhundert mit Forschern wie Johann Gustav Droysen (1808–1884), Leopold von Ranke (1795–1886) und Theodor Mommsen (1817–1903), das heißt zeitgleich mit der industriellen Revolution.[12] Das ist kein Zufall: Der Umbruch und Abbruch überlieferter Lebensverhältnisse drängt zum künstlichen Bewahren, wie im 19. Jahrhundert ja auch die öffentlich zugänglichen Museen und kunsthistorischen Sammlungen oder die Geschichts- und Heimatvereine entstehen. Je tiefer der Umbruch greift, desto umfassender die Aufgabe. An die Geschichte der Ideen und der Politik, an der die Wucht des Veränderns zuerst sichtbar wird, schließt sich die Wirtschafts- und Gesellschaftsgeschichte an, ebenso die Wissenschafts- und Technikgeschichte. Inzwischen ist sogar das Bewahren der Natur wichtig geworden; in »künstlichen Paradiesen«, botanischen Anlagen, Schutzzonen und zoologischen Gärten werden bedrohte Pflanzen und Tierarten aufbewahrt wie in Museen ägyptische Pharaonen oder Bilder der Renaissance und überall die Gebäude, die man dem Denkmalschutz anvertraut.

Bei alledem erweist sich im Prozess der »schöpferischen Zerstörung« die Geschichtswissenschaft selbst als ein Teil des neuzeitlichen Um- und Abbruchunternehmens. Denn indem die bestehenden Verhältnisse historisch erfasst und auf ihre Bedingungen hin untersucht werden, verlieren sie den Charakter des Selbstverständlichen und damit des Natürlichen oder von Gott Verordneten. Der Bann des Überlieferten, das man als solches erkennt, löst sich auf: Fortan steht in unserer Macht, ob wir es bewahren oder fortstoßen wollen. Es wird entzaubert und als ein Produkt des menschlichen Denkens und Handelns kenntlich. Wie es geworden ist, so kann und wird es auch wieder vergehen. »Aufstieg und Fall«, etwa des Römischen Reiches, des mittelalterlichen Kaiser- und Papsttums, Napoleons oder des britischen Empire: Das sind klassische Themen, mit der gehörigen Dramatik ausgestattet. Indem wir vom »Damals« lesen, nähern wir uns ihm – und verabschieden es zugleich im Bewusstsein des Abstandes, das uns von ihm trennt.

Das Bewusstsein bestimmt das Sein oder beeinflusst es jedenfalls: Wenn es die moderne Geschichtserfassung nicht gegeben hätte, wäre die neuere Geschichte anders verlaufen. Der Philosoph Karl Löwith hat das so ausgedrückt: »Ohne ein ›epochales Bewußtsein‹ gäbe es auch kein epochales Geschehen, und ohne den modernen Fortschrittsglauben würde auch die Geschichte selbst auf andere Weise fortgehen ... Am Ende werden wir gar nicht unmittelbar von der Dynamik der Geschichte bewegt, sondern diese von unserem historischen Bewußtsein, von der Art und Weise, wie wir geschichtlich denken. Es ist kein idealistisches Vorurteil von Hegel, daß auch die ›Wirklichkeit‹ nicht aushalte, wenn einmal das ›Reich der Vorstellungen‹ revolutioniert sei. Das Reich der Vorstellungen mag ein Reich von Ideologien sein, hinter dem

›reale‹ Klassenkämpfe stehen. Aber auch Klassenkämpfe gibt es nur, wenn sich eine Klasse ihrer selbst als einer solchen bewußt wird.«[13]

Kein Verändern der bestehenden Verhältnisse ohne das Bewusstsein ihrer Veränderbarkeit: Dieses Erbe und im Grunde nichts sonst übernehmen wir aus dem geschichtlichen Denken der Vergangenheit – und übrigens nicht zuletzt von Karl Marx. Die elfte seiner berühmten »Thesen über Feuerbach« lautet: »Die Philosophen haben die Welt nur verschieden *interpretiert*, es kömmt darauf an, sie zu verändern.«[14] Aber auch jede bürgerliche und konservative Geschichtsdarstellung hat dazu beigetragen, dieses Bewusstsein der Veränderbarkeit zu schaffen oder jedenfalls einzuprägen. Denn die Mühe um das Bewahren ist undenkbar ohne die Einsicht, dass die bestehenden Verhältnisse nicht mehr selbstverständlich sind.[15]

Zu den Folgen einer umfassenden Historisierung gehört die Auflösung überlieferter Wertvorstellungen. Sie können keine absolute Geltung mehr beanspruchen, wenn sie sich als geschichtlich bedingt und damit als relativ erweisen. Hierüber ist am Anfang des 20. Jahrhunderts besonders in Deutschland unter dem Stichwort »Historismus« von Gelehrten wie Wilhelm Dilthey und Ernst Troeltsch eine intensive und tief dringende Debatte geführt worden.[16] Sie beleuchtete, worum es ging, aber sie vermochte keine neuen Werte zu schaffen. Im Gegenteil zeigte sie nur, dass das nicht möglich war.

In letzter Konsequenz führt die Historisierung zum Dezisionismus, das heißt dazu, dass der Mensch – also auch der jeweilige Machthaber – nach eigenem Ermessen darüber entscheidet, was gelten soll und was nicht. Der Schlüsselsatz des Dezisionismus lautet: »Die Entscheidung ist, normativ gesehen, aus dem Nichts geboren.« Dieser Satz stammt von dem Staatsrechtslehrer Carl

Schmitt, der in der Zeit der Weimarer Republik ein geistiger Wegbereiter des Nationalsozialismus war.[17] Ohne solch einen nihilistischen, vom Historismus geschaffenen Hintergrund bleibt die deutsche Geschichte in der ersten Hälfte des 20. Jahrhunderts unverständlich[18], mit ihm aber erscheint als folgerichtig, dass die Parole des »Dritten Reiches« hieß: »Führer befiehl, wir folgen!«, und dass nach dem Tode des Reichspräsidenten Paul von Hindenburg die Wehrmacht – auf eigenes Betreiben – dem Führer Adolf Hitler bedingungslosen Gehorsam schwor.

Dass das fatal war, bedarf angesichts des Unheils, in das wir geraten sind, keiner Begründung. Umso dringender aber stellt sich die Frage nach Ankergründen jenseits des Historismus.

Die Stürme des Übergangs

»Ich treffe einen amerikanischen Matrosen und frage ihn, weshalb die Schiffe seines Landes nur für eine kurze Lebensdauer gebaut seien, und er antwortet mir, ohne zu zögern, die Kunst des Schiffbaus mache täglich so rasche Fortschritte, daß das schönste Schiff bald wertlos wäre, wenn es länger als einige Jahre durchhielte.

In diesen zufällig von einem ungebildeten Manne über eine Einzelheit geäußerten Worten erkenne ich die allgemeine und systematische Vorstellung, von der ein großes Volk sich bei der Führung aller Dinge bestimmen läßt.

Die aristokratischen Völker neigen von Natur dazu, der menschlichen Vervollkommnungsfähigkeit allzu enge Grenzen zu ziehen, und die demokratischen Völker erweitern diese manchmal ins Maßlose.«

Das notierte Alexis de Tocqueville, der französische Aristokrat, während seiner Reise durch die Vereinigten Staaten, die er 1831/32 unternahm und aus der sein berühmtes Werk »De la démocratie en Amérique«, »Über die Demokratie in Amerika«, hervorging: eine Beobachtung wie nebenher und von leichter Hand, doch tief dringend genug.[19] Sie macht die Gegensätze anschaulich, die Zeitalter kennzeichnen. In der »vormodernen« Welt ist alles auf Beharren, das Bewahren des Überlieferten angelegt: Die ständische Gliederung, die zum geltenden Recht befestigte Ungleichheit von Adel, Bürgern und Bauern, verriegelt die gesellschaftliche Mobilität, wie das Erbprinzip von Macht und Besitz es auf seine Weise tut; Zunftschranken verhindern die Entfesselung des Wettbewerbs; der Glaube ans Natürliche und Gottgewollte der bestehenden Ordnung bindet auch geistig.

Dagegen entsteht die amerikanische Gesellschaft aus Einwanderern, die keine Vorrechte und – sofern man von den Negersklaven absieht – keine Benachteiligungen mitbringen, sondern einzig die Hoffnung, etwas aus eigener Leistung zu erreichen. Jeder, jeder für sich, soll seines Glückes Schmied sein; die Unabhängigkeitserklärung aus dem Jahre 1776 verkündet als Grundrechte des Menschen: Leben, Freiheit und das Streben nach Glück.

Darum soll der Bann des Überlieferten gebrochen werden; alle Erwartungen richten sich zur Zukunft. Thomas Jefferson, der Verfasser der Unabhängigkeitserklärung und wie kein Zweiter der Vater des amerikanischen Selbstverständnisses und Selbstbewusstseins, hat das einmal so formuliert:

»Jene mittelalterliche Idee, wonach wir rückwärts schauen sollen anstatt vorwärts, um den Geist des Menschen zu bessern, und zu den Aufzeichnungen unserer Vorfahren Zuflucht nehmen sollen auf der Suche nach dem, was in der Regierung, in der Religion und in der Wissenschaft das Beste sei, ist wohl derer wert, die sie uns vorgeschlagen haben und deren Zwecken sie auch entsprechen würde. Aber dieses Land wird solche Ideen nicht dulden.«[20]

Diese Einstellung entwickelt sich zur Alltagsselbstverständlichkeit; Tocquevilles ungebildeter Matrose bringt sie auf seine Weise so genau zum Ausdruck wie der gelehrte Jefferson. Um es mit dem gehörigen Pathos zu sagen: In der Emigration nach Amerika löst sich Europa exemplarisch aus dem Bann des Überlieferten, und im Mythos von der »frontier«, der nach Westen, das heißt zur Zukunft hin offenen Grenze wird der Sachverhalt zum Symbol. Mit Goethe zu reden:

»Amerika, du hast es besser,
Als unser Kontinent, der alte,
Hast keine verfallene Schlösser
Und keine Basalte.
Dich stört nicht im Innern,
Zu lebendiger Zeit,
Unnützes Erinnern
Und vergeblicher Streit.«

So rückt Amerika zu einem Sinnbild und schließlich zur Vormacht der westlichen Zivilisation auf.

Hierzulande beklagen empfindsame Geister die Verluste, die die Wendung zur Zukunft einfordert. In dem Text von Rainer Maria Rilke, der im vorigen Kapitel zitiert wurde und in dem davon die Rede ist, dass die erlebten, die uns mitwissenden Dinge zur Neige gehen und nicht mehr ersetzt werden können, heißt es: »Nun drängen, von Amerika her, leere, gleichgültige Dinge herüber, Schein-Dinge, Lebensmittelattrappen ... Ein Haus, im amerikanischen Verstande, ein amerikanischer Apfel oder eine dortige Rebe, hat nichts gemein mit dem Haus, der Frucht, der Traube, in die die Hoffnung und Nachdenklichkeit unserer Vorväter eingegangen war.«

Das lässt sich mit Fug bestreiten; kalifornische Weine kann man heute ebenso genießen wie die vom Rhein oder aus Burgund. Umso deutlicher treten abgründige Ängste vor der Auflösung des Überlieferten zutage; sie bilden bewusst oder vorbewusst einen Hintergrund des Antiamerikanismus in allen seinen Spielarten.

Etwa zeitgleich mit Rilke formulierte man in dem Dichterkreis um Stefan George noch drastischer und düsterer: »Nach weiteren fünfzig Jahren fortgesetzten Fortschritts werden auch die letzten Reste alter Substanzen verschwunden sein, wenn es keine anderen mehr als die mit dem fortschrittlichen Makel zur Welt gekommenen gibt, wenn durch Verkehr, Zeitung, Schule, Fabrik und Kaserne die städtische fortschrittliche Verseuchung bis in die fernste Weltecke gedrungen und die satanisch verkehrte, die Amerikawelt, die Ameisenwelt sich endgültig eingerichtet hat.«[21]

Schon im letzten Drittel des 19. Jahrhunderts entwickelte sich ein Kulturpessimismus, der sich angst- und hasserfüllt gegen die zukunftsoffene Gesellschaft und damit gegen die Entwicklung der modernen Zivilisation richtet.[22] Nur um einen Schritt weiter gelangt man zur Proklamation des Abwehrkampfes deutscher *Kultur* gegen den Ansturm der westlichen *Zivilisation*. Der wurde zum Beginn des Ersten Weltkriegs in den »Ideen von 1914« ausgerufen, und der Mythos von einer Widerstandskultur reicht weit, in seinen Ausläufern sogar bis in den Untergang der DDR hinein. Der ostdeutsche Dramatiker Heiner Müller schrieb im Jahr 1991: »Die sogenannte deutsche ›Wiedervereinigung‹ ... findet in der Form der Kolonisierung statt ... Die ökonomisch über- und kulturell unterentwickelte Zivilisation der ehemaligen Bundesrepublik versucht, die in der ehemaligen DDR im Widerstand gegen die stalinistische Kolonisierung gewachsene Kultur durch Diffamierung und administrativ auszulöschen.«[23]

An diesem Widerstand gegen den Stalinismus könnte man zweifeln; nicht immer fiel er eindrucksvoll aus. Zur Sache gehörte indessen auch eine unvermutete DDR-Nostalgie mancher westdeutscher Intellektueller, ihre Sehnsucht nach dem verlorenen Biedermeier und ihre Vorstellung von der Idylle der ostdeutschen Nischengesellschaft, ihre Klage über den Untergang einer Gesprächs- und Lesekultur. Diese Nostalgie von außen hat freilich von innen Jens Reich als »die *Wahnvorstellung* von der außerordentlichen sozialen Wärme und inneren Solidarität der sozialistischen Menschengemeinschaft« bezeichnet.[24]

Ganz gewiss: Rothenburg ob der Tauber dürfte heimeliger sein als amerikanische Kleinstädte im Mittleren Westen, Freiburg im Breisgau, Dresden oder Hamburg schöner als das Autobahngewirr von Los Angeles. Auf alten deutschen Dorf- oder Stadtfriedhöfen geht man lieber spazieren als auf öden Rasenflächen jenseits des Ozeans – um von der angestammten Qualität deutscher Buchhandlungen auch oder gerade in der so genannten Provinz nicht erst zu reden. Und wer will, mag mit den Fischer-Chören gegen die weltweit siegreiche amerikanische Popkultur, vielmehr die moderne Musikzivilisation ansingen, beflügelt von Martin Luther:

»Und wenn die Welt voller Teufel wär
und wollte uns gar verschlingen,
so fürchten wir uns nicht so sehr,
es soll uns doch gelingen …«

Es gibt wahrlich vieles, was es wert ist, bewahrt zu werden; mit dem herzinnigen Schluss von Matthias Claudius' Abendlied kommen wir noch längst nicht ans Ende:

»So legt euch denn, ihr Brüder,
in Gottes Namen nieder!
Kalt ist der Abendhauch.
Verschon uns, Gott, mit Strafen
und laß uns ruhig schlafen!
Und unsern kranken Nachbarn auch!«

Aber der Widerstand deutscher Kultur gegen den angeblich einebnenden Ansturm westlicher Zivilisation war alles andere als unschuldig. Blut klebt an ihm, niemals mehr abzuwaschen, und seine Spur führt nach Auschwitz. Denn von Anfang an stand er in politischen Diensten zur Verteidigung von Privilegien, zur Abwehr des Bürgerrechts auf Freiheit und Gleichheit, zum Kampf gegen die Demokratie. Um aus dem Gewirr der »Ideen von 1914« nur ein Beispiel zu zitieren, den Philosophen Max Wundt:

»In einer Verblendung, die schon in der nächsten Zeit unbegreiflich sein wird, ist man bei uns geschäftig dabei, das bewährte Deutsche zurückzudrängen und das Fremde, auf das man gänzlich unbegründete Hoffnungen setzt, zu größerer Wirkungskraft zu bringen. Und leider ist es nicht nur Verblendung, sondern sehr klare und ihre Interessen wohl erkennende Einsicht, die hier die Geschäfte unserer Feinde besorgt! Erwachen wir, ehe es zu spät ist! Auch im Innern soll die Losung gelten: Was deutsch ist, soll deutsch bleiben.«[25]

In der Praxis lief das auf eine innere Feinderklärung gegen jeden hinaus, der den überkommenen Obrigkeitsstaat demokratisch reformieren wollte – und, leider charakteristisch, schon vorweg auf eine Kriegserklärung gegen die Weimarer Republik. Was ihm und seinesgleichen vorschwebte, daran ließ Wundt keinen Zweifel:

»Zwischen dem deutschen und dem demokratischen Geist gibt es keine Vermittlung. Ob man dem Einzelnen allein ursprünglichen Wert zuschreibt und nach seinen Wünschen den Staat sich einrichten läßt oder ob man dem Staat einen ursprünglichen, über alle Einzelwillen erhabenen Eigenwert und Eigensinn zuschreibt, das sind grundsätzliche Verschiedenheiten der Auffassung, die man nicht mit Redensarten und demagogischen Künsten überkleistern soll ... Demokratie ist recht eigentlich der Triumph der toten Zahl über die lebendige Form. Dem setzt der deutsche Gedanke die Vernünftigkeit des wirklichen sittlichen Lebens entgegen. Die vernünftige Idee soll herrschen, nicht die Wünsche des Einzelnen. Die Vernunft aber kommt zur klaren Einsicht ihrer selbst nur in der einzelnen Persönlichkeit. Darum soll die Persönlichkeit herrschen, nicht die vielen.«[26]

Wie, nach welchen Auswahlkriterien die »Persönlichkeit« zur Herrschaft gelangt und wie das als Verfassungsordnung aussehen soll, bleibt Wundts Geheimnis, das sich erst im Führerprinzip des »Dritten Reiches« auflöst. Da tritt dann der Rassenwahn noch hinzu; seine Funktion besteht darin, dass er die Ungleichheit, den Gegensatz zwischen den angeblich zur Herrschaft Berufenen und den angeblich Minderwertigen als *naturgegeben* darstellt und damit widerruft, was seit 1789 als Proklamation der Freiheit und Gleichheit demokratische Bürgerrechte begründet. Der moderne Antisemitismus wird zum Instrument dieses Wahns: Die Juden sind Nutznießer der Freiheit und Gleichheit. Vielleicht nie, sagt Fritz Stern in seiner Studie über Bismarck und seinen Bankier Bleichröder, ist eine Minderheit so schnell und so erfolgreich aufgestiegen wie die deutschen Juden.[27] Das führte dann zu Verkehrung von Ursache und Wirkung: Die Juden erschienen als die *Urheber* der modernen Zivilisationsentwicklung; indem man sie verfolgte und vernichtete, sollte symbolträchtig diese Entwicklung aufgehalten und ans Ende gebracht werden. In den Worten von Hitlers »Mein Kampf«: »Die ewige Natur rächt unerbittlich die Übertretung ihrer Gebote. So glaube ich heute im Sinne des allmächtigen Schöpfers zu handeln: Indem ich mich des Juden erwehre, kämpfe ich den Kampf des Herrn.«[28]

Im Rückblick erkennen wir das Verhängnis: Indem die Deutschen im Zeitalter der Weltkriege mit all ihrer Kraft, ihrem Erfindungsgeist, ihrer Organisationstüchtigkeit, ihrer Tapferkeit und Opferbereitschaft sich dem Strom der historischen Entwicklung entgegenstemmten, als hinge davon das Überleben der Nation ab, und so die Welt in die Schranken forderten, brachten sie andere und sich selbst ins Unheil, weil sie das geschichtlich Unmögliche und damit zugleich das abgründig Unmoralische wollten. Am Ende seiner denkwürdigen Untersuchung über das Verhältnis oder Missverhältnis von Freiheit und Gleichheit hat Tocqueville gesagt:

»Ich weiß wohl, daß einige meiner Zeitgenossen der Ansicht huldigen, die Völker seien auf Erden nie ihre eigenen Herren und gehorchten notwendig ich weiß nicht welcher unüberwindlichen und blinden Macht, die den früheren Ereignissen, der Rasse, dem Klima oder dem Boden entspricht.

Das sind falsche und feige Lehren, aus denen stets nur schwache Menschen und kleinmütige Nationen hervorgehen können; die Vorsehung hat das Menschengeschlecht weder ganz frei geschaffen noch vollkommen sklavisch. Wohl zieht sie um jeden Menschen einen Schicksalskreis, dem er nicht entrinnen kann, aber innerhalb dieser weiten Grenzen ist der Mensch mächtig und frei; so auch die Völker.

Die Nationen unserer Tage können an der Gleichheit der gesellschaftlichen Bedingungen nichts mehr ändern; von ihnen jedoch hängt es nun ab, ob die Gleichheit sie in die Knechtschaft oder zur Freiheit, zur Gesittung oder in die Barbarei, zum Wohlstand oder ins Elend führt.«[29]

Wenn wir aus dem inzwischen erreichten Abstand zurückschauen, dann können wir eigentlich nur den Kopf schütteln und seufzen: Welche Chancen haben wir nicht bloß versäumt, sondern mutwillig selbst zerstört! In seinem Buch »Gesellschaft und Demokratie in Deutschland«

hat Ralf Dahrendorf doppelsinnig von der »verworfenen Nation« gesprochen[30]: Einerseits marschierte das kaiserliche Deutschland an der Spitze des Fortschritts. Sein Bildungswesen, seine Hochschulen und seine Forschungsleistungen wurden weltweit bewundert. Wie nirgendwo sonst entwickelten sich hierzulande die Zukunftsindustrien der Chemie und der Pharmazie, der Elektrotechnik, Feinmechanik und Optik, des Maschinenbaus. Auch der Auf- und Ausbau des Sozialstaates erschien als Vorbild.

Andererseits gab es den alten Obrigkeitsstaat, die verbissene Privilegienverteidigung der traditionellen Eliten, die Angst vor der »roten« und damit der demokratischen Gefahr, die Bismarck dem Bürgertum eingeimpft hatte, den Kulturpessimismus, der wie ein Krebsgeschwür wucherte[31], die Uniformgläubigkeit, den Traum vom »Platz an der Sonne« und den Wahn von der Weltmacht, samt Schlachtflottenbau, um ihn durchzusetzen. In dieser Verwerfung besiegte schließlich der Wahn alle Nüchternheit, über die Niederlage von 1918 hinaus und seit 1933 erst recht.[32]

Gegen den Wahn kann man im Grunde nur ältere Erinnerungen aufbieten; zwei Zeugnisse unserer größten Philosophen seien hier angeführt. Im Jahre 1784 schrieb Immanuel Kant seinen denkwürdigen Aufsatz »Beantwortung der Frage: Was ist Aufklärung?«. Er beginnt mit Sätzen wie Glockenschlägen:

»*Aufklärung* ist der Ausgang des Menschen aus seiner selbstverschuldeten Unmündigkeit. *Unmündigkeit* ist das Unvermögen, sich seines Verstandes ohne Leitung eines anderen zu bedienen. Sapere aude! Habe Mut, dich deines *eigenen* Verstandes zu bedienen. Ist also der Wahlspruch der Aufklärung.«[33]

Hegel – und zwar nicht ein jugendlicher Schwarmgeist, sondern der gereifte »Staatsphilosoph« – hat den Aufbruch der Französischen Revolution von 1789 zur Gleichheit, die Proklamation allgemeiner Menschen- und Bürgerrechte in seiner »Philosophie der Geschichte« gefeiert:

»Der Gedanke, der Begriff des Rechts machte sich mit *einem Male* geltend, und dagegen konnte das alte Gerüste des Unrechts keinen Widerstand leisten. Im Gedanken des Rechts ist also jetzt eine Verfassung errichtet worden, und auf diesem Grunde sollte nunmehr alles basiert sein. Solange die Sonne am Firmamente steht und die Planeten um sie herum kreisen, war das nicht gesehen worden, daß der Mensch sich auf den Kopf, das ist, auf den Gedanken stellt und die Wirklichkeit nach diesem erbaut ... Es war dieses somit ein herrlicher Sonnenaufgang. Alle denkenden Wesen haben diese Epoche mitgefeiert. Eine erhabene Rührung hat in jener Zeit geherrscht, ein Enthusiasmus des Geistes hat die Welt durchschauert, als sei es zur wirklichen Versöhnung des Göttlichen mit der Welt nun erst gekommen.«[34]

Der kritische Schüler Karl Marx wollte seinen Lehrer vom »Kopf« wieder auf die Füße stellen.[35] Aber was Hegel beschreibt und feiert, ist die Revolution des Bewusstseins, die sich mit der Jahreszahl von 1789 verbindet: Die Gesellschaft, eine große Nation kündigt den Bann des Überlieferten auf, wendet sich der Zukunft zu und nimmt ihre Angelegenheiten in die eigenen Hände. Recht verstanden stellt sich der Mensch eben damit auf die eigenen Füße.

Dass er das tut, ist ein ganz unerhörter Vorgang und Übergang, um nicht zu sagen ein weltenbewegender Umsturz, der alle Lebensverhältnisse, ja den Menschen selbst grundlegend verändert und sich in seiner Vielschichtigkeit, mit all seinen und oft verheerenden Konflikten – die es wahrlich nicht nur in Deutschland gibt – über Jahrhunderte, ungefähr ein halbes Jahrtausend hinzieht. Er beginnt nicht erst mit dem Vulkanausbruch der Französischen Revolution und endet auch nicht mit ihr. In seiner Vielschichtigkeit und Dramatik, mit all seinen Schrecken schafft er als Kampf um den Fortschritt erst die Geschichte in ihrem neuen, neuzeitlichen Sinne. Eine Grundthese dieses Buches besagt, dass wir heute ans Ende des Überganges gelangt sind und dass damit die Geschichte und unser Geschichtsbewusstsein sich wiederum einschneidend verwandeln. Um aber den Übergang zu verstehen, soll er zunächst in seinen wesentlichen Zügen skizziert werden.

»Im Mittelalter lagen die beiden Seiten des Bewußtseins – nach der Welt hin und nach dem Innern des Menschen selbst – wie unter einem gemeinsamen Schleier, träumend oder halbwach. Der Schleier war gewoben aus Glauben, Kindesbefangenheit und Wahn; durch ihn hindurchgesehen erschienen Welt und Geschichte wundersam gefärbt, der Mensch aber erkannte sich nur als Rasse, Volk, Partei, Korporation, Familie oder sonst in irgendeiner Form des Allgemeinen. In Italien zuerst verweht dieser Schleier in die Lüfte; es entsteht eine *objektive* Betrachtung und Behandlung des Staates und der sämtlichen Dinge dieser Welt überhaupt; daneben aber erhebt sich mit voller Wucht das *Subjektive*; der Mensch wird geistiges Individuum und erkennt sich als solches.«

Mit diesen berühmten Sätzen kennzeichnet Jacob Burckhardt den zentralen Vorgang der Renaissance.[36] Es treten alle die Momente zu polarer Spannung auseinander, die in älteren Ordnungen gerade nicht geschieden waren: Öffentlichkeit und Privatheit, Rolle und Person, Umwelt und Individualität, die äußere Welt und das Seeleninnere, Objekt und Subjekt. Indem der Einzelne nicht mehr selbstverständlich in seine Umgebung eingebettet ist, verliert er die Sicherheit, die Selbstverständlichkeit des Überlieferten, die ihn bisher hielt; er gewinnt ein neuartiges Selbst-Bewusstsein, das zugleich dem Selbstzweifel, der heimlichen Unsicherheit abgerungen werden muss; wachsende Distanz zur sozialen Umwelt schafft die Freiheit und die Nötigung, als eigenverantwortlich handelnde Person und damit sachlich, »objektiv«, Ursachen und Wirkungen, Nutzen und Schaden berechnend, mit den Verhältnissen umzugehen. Um es schlagwortartig auszudrücken: Die Entwicklung führt vom »Wir« zum »Ich«; die Bindekräfte uralter Gemeinschaften schwinden, und die Sehnsucht nach der Selbstverwirklichung gewinnt entsprechend an Kraft.

Zu den Voraussetzungen dieses Wandels gehört die Entwicklung einer Städtekultur, wie sie zur Zeit der Renaissance vor allem im oberen Italien blüht, jedoch ebenso in West- und Mitteleuropa sich entfaltet.[37] Dabei stellt sich der entscheidende Vorgang einfach genug dar. Die Stadt ist ein Zentrum der handwerklichen Produktion und des allmählich wachsenden Warenverkehrs. In der Stadtmitte liegt der *Markt*. Auf ihm treffen sich Käufer und Verkäufer. Das ist zugleich ein Zeichen der zunehmenden *Arbeitsteilung*. Während es im Dorf allenfalls einen oder zwei »Universalhandwerker« gibt, den Schmied und den Stellmacher, vervielfältigen und spezialisieren sie sich in der Stadt; die verschiedenen Zünfte siedeln sich oft in gesonderten Straßen an. Doch der Markt signalisiert vor allem einen wachsenden sozialen Abstand und die »Rollen«-Differenzierung. Man begegnet einander als Käufer und Verkäufer, und es wird im Prinzip gleichgültig, was man sonst noch *hinter* der Rolle, gleichsam aus ihr zurücktretend, was man *persönlich* ist. Da man, anders als im Dorf, nicht mehr alles selbst herstellen, sehen, miterleben kann, ist man zunehmend aufs Hörensagen, auf

Nachrichten angewiesen. So wird der Markt zugleich zum Markt der Urteile, Meinungen und Gerüchte; der Tendenz nach weitet er sich vom öffentlichen Platz zur *Öffentlichkeit*. Man kann auf dem Marktplatz auch rasch einmal zusammenlaufen, einen Ausrufer hören oder einen Tumult in Szene setzen.

Rings um den Markt oder in seiner Nähe erheben sich die Häuser der Patrizier, der führenden Handelsherren. Ihre Fassaden zeigen den Willen zur Repräsentation; sie kehren sich der Öffentlichkeit zu. Eben damit distanzieren und verbergen sie aber zugleich: Es entsteht ein »Dahinter« der familiären *Privatheit*; die Wohnung trennt sich von den Geschäftsräumen. Das ist nur ein anderer Ausdruck für das Gegenüber von Rollenstandardisierung und Individualisierung: Weil der Einzelne, als Person entlastet, im Rollenverhalten sich zurückhält, kann er zugleich – vor sich selbst und vor anderen – als Persönlichkeit mit individueller Prägung hervortreten. Er gewinnt ein »Für sich«: ein Selbst-Bewusstsein im grundsätzlich immer kritischen, labilen, gefährdeten, eigens zu leistenden Verhältnis zu sich und zur Umwelt.

Der städtische Handel greift bald über die örtlichen und die regionalen Grenzen hinaus und erschließt weiträumige Verbindungen. Mit dem *Fernhandel* steigern sich die Arbeitsteilung, die Distanzierung und die Aufschließung des bisher Unbekannten. Zugleich werden *Nachrichten* über Angebot und Nachfrage und andere die Geschäfte berührende Vorgänge wichtig. Es entstehen die Vorläufer und Anfänge eines Zeitungswesens, und es bahnt sich die von den Strategien des Gewinnstrebens gelenkte anonyme, spezialisierte und rationalisierte Serienproduktion an. Immer mehr Handwerker produzieren nicht mehr direkt für den Kunden, den sie kennen, sondern für Handelshäuser, die die Vermittlung übernehmen; als Vorstufe des Fabrikwesens beginnt die Manufaktur. Dabei werden aus Selbständigen Abhängige und aus Abhängigen Arbeiter.

Natürlich handelt es sich insgesamt um eine ebenso komplizierte wie langwierige Entwicklung. In den bescheidenen Größenordnungen von zumeist nur wenigen Tausend Einwohnern, auf die sich die Mehrzahl der Städte bis tief in die Neuzeit hinein beschränkt, sind die Lebensverhältnisse noch überschaubar und die Unterschiede zum Dorf eher gradueller als prinzipieller Art. Ohnehin gibt es noch viele Ackerbürger; am Morgen und am Abend ziehen Viehherden durch die Straßen, und die Mehrzahl der Gebäude besteht aus Ställen und Scheunen (was auf engem Raum oft zu verheerenden Feuersbrünsten führt). Köln, die größte Stadt des alten Reiches, besitzt am Ende des Mittelalters etwa 40 000 Einwohner, eine Zahl, die bis zum Ausgang des 18. Jahrhunderts beinahe konstant bleibt. Unter solchen Umständen kennt man einander meist noch, und das Tempo der Veränderungen ist gering. Zunftwesen und andere Einrichtungen bremsen es ganz bewusst. Überdies kann keineswegs jeder Hergelaufene oder Zugereiste das kostbare Privileg des Bürgerrechts ohne weiteres erwerben; man schottet sich ab, so gut oder so fremdenfeindlich es nur möglich ist. Darum hält sich auch die individuelle Mobilität in engen Grenzen, und der Polarisierungs- und Emanzipationsprozess, von dem die Rede war, wird nur im zusammenfassenden Rückblick über die Jahrhunderte hinweg deutlich erkennbar.

Aber der Wandel setzt eben doch ein. Er erfasst zunehmend mehr Menschen und lässt sich auf die Dauer nicht aufhalten. Auf der Ebene der geistigen Auseinandersetzungen sucht man das Neue zunächst im Alten, in der Rückwendung zu den Vorbildern der Antike. Das gilt von der Renaissance bis zur *Klassik* humanistischer Bildung. Doch allmählich gewinnt der Gedanke des *Fortschritts* Überzeugungskraft, praktisch unterlegt durch wissenschaftliche Entdeckungen und wirtschaftliche Entwicklungen.[38]

Ganz neue Dimensionen gewinnen der Fernhandel und zugleich die Aussichten auf künftige Möglichkeiten mit der Schifffahrt im Zeitalter der Entdeckung Amerikas und des Seewegs um Südafrika herum nach Indien und Ostasien. Damit verbindet sich der Aufstieg der Seefahrernationen, zunächst Portugals und Spaniens, dann der Niederlande und Großbritanniens, zum Teil auch Frankreichs. Die Vorstöße ins Unbekannte fordern einen wagemutigen Unternehmergeist, der die Fesseln des Überlieferten sprengt, eine Risikobereitschaft, die sich von der des mittelalterlichen Rittertums grundlegend unterscheidet. Zugleich gewinnt der Kapitaleinsatz eine bisher unbekannte Bedeutung, und er löst sich aus seinen Bindungen ans Gegenständliche. Nach manchen Vorläufern entsteht die erste international bedeutsame Börse 1531 in Antwerpen. Die Tore der Spekulation öffnen sich; mit dem »Tulpenschwindel« gelingt es den Niederländern, im Jahre 1637 den ersten großen Börsenkrach zu inszenieren, der über Grenzen hinweg die Geschäftswelt erschüttert.

Der Vorgang zeigt, dass man einen nüchtern rechnenden Tatsachensinn braucht, wenn man erfolgreich sein will. Darum hat Schumpeter gesagt: »Es ist das wirtschaftliche Tagewerk, dem wir als Rasse die elementare Schulung im rationalen Denken und Verhalten verdanken – ich zögere nicht zu behaupten, daß die ganze Logik vom Muster der wirtschaftlichen Entscheidung abgeleitet ist oder, um einen Lieblingsausdruck von mir zu verwenden, daß das wirtschaftliche Modell der Nährboden der Logik ist. Dies scheint aus folgendem Grund einleuchtend: wir wollen annehmen, daß ein ›Primitiver‹ die elementarste aller Maschinen, den bereits von unserem Vetter, dem Gorilla, geschätzten Stock, verwendet und daß dieser Stock in seinen Händen zerbricht. Wenn er versucht, den Schaden durch Hersagen einer Zauberformel wiedergutzumachen – er könnte zum Beispiel ›Angebot und Nachfrage‹ oder ›Planung und Kontrolle‹ murmeln, in der Erwartung, daß wenn er dies neunmal wiederholt, die beiden Stücke sich wieder vereinigen –, dann befindet er sich innerhalb der Bezirke des praerationalen Denkens. Wenn er nach dem besten Weg sucht, um die beiden Stücke wieder zusammenzufügen oder sich einen neuen Stock zu verschaffen, so ist er in unserm Sinn rational. Selbstverständlich ist sowohl das eine wie das andere Verhalten möglich. Aber es ist leicht zu verstehen, daß bei dieser und den meisten andern wirtschaftlichen Handlungen das Versagen einer Zauberformel viel offensichtlicher ist, als es das Versagen einer Formel sein könnte, die unsern Mann siegreich im Kampf oder glücklich in der Liebe machen oder eine Schuldlast von seinem Gewissen wälzen sollte.«[39]

Genau genommen spricht das Beispiel freilich nicht von einem wirtschaftlichen, sondern von einem technischen Vorgang. Aber es charakterisiert die neuzeitliche Entwicklung, dass sich die Technik und Wirtschaft immer enger verbinden. Die Entfesselung des Wettbewerbs zwingt beide zusammen: Wer Erfolg haben will, braucht den technischen Fortschritt als unerlässliches Mittel, um preiswerter zu produzieren als die Konkurrenz oder jedenfalls mitzuhalten. Dieser Fortschritt *produziert Geschichte*: Er schärft den Blick für die Veränderbarkeit der Verhältnisse und schafft Vergangenheit als ein »Nicht mehr«. Mit dem mechanischen Webstuhl besiegelt die aufkommende Textilindustrie das Schicksal der Handweber, dampfgetriebene Eisenbahnen und Schiffe verdrängen die Postkutschen und die Segel, und das ist nur der Anfang. Auf einer späteren Stufe tritt die systematische Forschung hinzu; ihr verdankt Deutschlands chemische und pharmazeutische Industrie den Vorsprung, den sie um die Wende vom 19. zum 20. Jahrhundert gewinnt. Bis heute gilt – und für die Zukunft erst recht: Je enger die Verbindung von Wirtschaft, Technik und Wissenschaft, desto besser. Diese Verbindung wird von dem ehernen Zwang geschmiedet, sich im global entfesselten Konkurrenzkampf zu behaupten. Letztlich ist es *die Logik des Wettbewerbs*, die die Zauberformeln verabschiedet.

Eine besondere Bedeutung kommt den religiösen Umbrüchen zu. In all ihren Spielarten wendet die Reformation den Menschen »unmittelbar zu Gott«, unter Verzicht auf alle Mittlerinstanzen, sei es die Gnadenverwaltung der Kirche oder die Hilfe der Heiligen. Das Weltverständnis wird damit entheiligt und ernüchtert. Eine umso größere Bedeutung gewinnt die Bewährung im Beruf, und im Tugendkatalog vollzieht sich eine tief greifende Umstellung. Müßiggang erscheint als aller Laster Anfang, und der Bannfluch der frommen Glaubenseiferer trifft alle, die nicht handgreiflich nutzbringend arbeiten: den Mönch und den Heiligen, den reichen Genießer und den Bettler, den Spieler und den Don Juan.[40]

Warum aber bahnte sich der Umbruch von den vormodernen zu den modernen Verhältnissen gerade in Europa und nicht irgendwo sonst auf der Welt an? Was besagt denn der Hinweis auf Städte und Märkte? Hat es die nicht auch in anderen Epochen und Kulturen gegeben, oft sogar in eindrucksvollerer Größe und Prachtentfaltung? Ja, durchaus. Und sogar hierzulande ist die Prachtentfaltung eher eine Sache der fürstlichen oder bischöflichen Residenzen als der typischen Bürgerstädte; man denke an Dresden oder an Würzburg.

Für die einzigartige, zukunftsweisende Bedeutung der europäischen Stadt ist darum noch etwas wichtig, das nur sie auszeichnet: ihre *rechtliche Stellung*. In vielfältigen, oft verworrenen und mit Rückschlägen verbundenen Kämpfen, doch insgesamt zielstrebig emanzipieren sich die Städte von ihrem Umfeld, vom ländlich geprägten oder aufs Land zurückgedrängten, im Wesentlichen auf einem auf Natural- und Selbstversorgungswirtschaft beruhenden Feudal- und Lehnswesen, das der Adel und die Fürsten bestimmen; sie entwickeln eine eigenständige politisch-rechtliche Qualität. Mit ihr gewinnen allererst die Bewohner, die Bürger, ihre besondere Prägung, ihr Selbstbewusstsein: »Stadtluft macht frei«, wie der alte Spruch besagt; und es entsteht die Voraussetzung dafür, dass schließlich die Bürger insgesamt zum »Dritten Stand« einer ständischen Gesellschaft aufrücken und am Ende erklären, dass sie – und nur sie – die *Nation* verkörpern, die dazu berufen ist, Bürger*rechte* mit dem Anspruch zu verwirklichen, dass sie zur Natur der Menschen gehören.[41]

Man kann sich den Vorgang noch heute an alten Denkmälern vor Augen führen: Der wehrhafte *Roland* vor dem Rathaus zu Bremen (aus dem Jahre 1404) blickt drohend – Verhaltensforscher unserer Tage würden sagen: er »imponiert« – zum Dom hinüber, dem Sitz des Erzbischofs, von dem sich die Bürger ihre Unabhängigkeit erkämpfen. Dieses Rolandssymbol als Wahrzeichen der Marktfreiheit und der Handelsprivilegien, also des rechtlich-politischen Fundaments der Unabhängigkeit, gibt es oder gab es einmal in vielen Städten Nord- und Mitteldeutschlands. Für die Städtegründungen im Osten ist dann charakteristisch, dass sie stets ihre rechtliche Prägung gewinnen.

Um sozusagen das Rad nicht mehr neu erfinden zu müssen, suchte man nach Modellen. Das eine entdeckte man in Lübeck; das lübische Recht wanderte an der Ostseeküste entlang nach Pommern, nach Danzig und immer weiter bis ins Baltikum, bis nach Narwa hinauf. Im Landesinneren verbreitete sich das Magdeburger Recht. Es fand Anwendung nicht nur in Thüringen, Obersachsen, der Lausitz, in Schlesien und Brandenburg, sondern weit über die Grenzen des Heiligen Römischen Reiches hinaus im Ordensland Preußen, in Polen und Litauen, in Masowien, Kujawien, Podolien, Wolhynien und Ruthenien. Auf historischen Karten Mittel- und Osteuropas sind Hunderte von Orten mit ihm bezeichnet. Sogar fernab am Dnjepr, im ukrainischen Kiew, stößt man noch heute auf ein Denkmal für das Magdeburger Stadtrecht, den östlichsten Punkt markierend, bis zu dem es gelangte.

Wo Recht ist, gibt es freilich stets auch den Rechtsstreit. Prozesse müssen geführt und entschieden werden, irgendwo und irgendwann mit der Autorität einer letzten Instanz. Damit kehrte das Magdeburger Recht an seinen Ursprung zurück. Um einen Vergleich zu wagen: Heute sprechen wir vom »Gang nach Karlsruhe« und meinen den Bundesgerichtshof oder das Bundesverfassungsgericht. Doch für Mittel- und Osteuropa lag Karlsruhe einst in Magdeburg; sein »Schöppenstuhl« urteilte auf der Grundlage des Sachsenspiegels, den Eike von Repgow zwischen 1220 und 1235 verfasste.

Das Recht ist die Grundlage der Freiheit. Nicht mit Mauern und Wehrtürmen allein, sondern auch und entscheidend mit ihrem Recht gewinnen die Stadtbürger ihre Unabhängigkeit gegenüber den feudalen Gewalten, die draußen im Lande herrschen, gegen all die Fürstenmächte und das Rittergelichter ringsum. Und genau und erst damit stoßen wir auf das Einzigartige, das Auszeichnende der europäischen Stadt, das in die Zukunft weist.

Zu den glücklichen Fügungen gehörte, dass es in den entscheidenden Jahrhunderten meist keine straff organisierten Staatsordnungen gab, die die Eigenentwicklung der Städte hätten verhindern oder brechen können. Um den Sachverhalt im Kontrast zu demonstrieren: Nicht Kiew ist zum bestimmenden Zentrum des russischen Reiches geworden. Und auch Nowgorod nicht, die alte Mittlerin des Handels zwischen Russland und den Ostseestädten der Hanse. 1478 wurde die Stadt dem Zarenreich angeschlossen, zehn Jahre später die führende Bürgerschicht zwangsweise ausgesiedelt, 1494 das Hansekontor geschlossen. Und im Jahre 1570 ließ Iwan IV. die Stadt zerstören, sodass die Einwohnerzahl von 35 000 auf 8000 absank. Dafür rückte Moskau auf: keine Stadt im europäischen Rechtssinne, sondern ein sesshaft gewordenes Heerlager, mit seiner Einwohnerschaft gehorsam um den Kreml, die Fürstenburg, gelagert, die über alle Umbrüche hinweg den Sitz der Macht symbolisiert. Damit war vorentschieden, dass Russland einen anderen Weg gehen musste als West- und Mitteleuropa.

Übrigens hat Magdeburg ein ähnliches Schicksal erlitten wie Nowgorod. Am 10. Mai 1631 erstürmte der kaiserliche Feldherr Tilly mit seinen Landsknechten die Stadt, die vergeblich auf Rettung durch den Schwedenkönig Gustav Adolf gehofft hatte. Magdeburg versank in einem Flammenmeer, und zwei Drittel der Einwohner sollen umgekommen sein. Nur der Dom und die Liebfrauenkirche blieben verschont; da konnten die Sieger dann ihr Tedeum singen.

Dieser Untergang ist exemplarisch zu nennen. Der Dreißigjährige Krieg ruinierte die deutsche Städtekultur und das Selbstbewusstsein ihrer Bürger so gründlich wie langfristig; die Zukunft gehörte dem Obrigkeitsstaat, vorab Preußen, in dem die Könige den Adel zur modernen, aber zugleich auch konservativen Leistungselite erzogen. Die Auswirkungen reichen über Glanz und Gloria bis ins Unheil des 20. Jahrhunderts hinein, von dem wir gesprochen haben. Eine siegreiche Bürgerrevolution, mit der Französischen nur von ferne vergleichbar, war hierzulande nicht möglich. Mit Recht nennt darum Michael Stürmer den Dreißigjährigen Krieg »die existentielle Katastrophe des neuzeitlichen Deutschland, ohne deren Begreifen die ganze nachfolgende deutsche Geschichte keinen Sinn ergibt«[42].

»Es entsteht eine *objektive* Betrachtung und Behandlung des Staates und der sämtlichen Dinge dieser Welt überhaupt«: Nicht zufällig entdeckt die italienische Renaissance Politik als Problem, und als Chance entwickelt sie zur hohen Kunst organisierte Verwaltung und Gewalt[43]; in Niccolò Machiavelli (1469–1527) findet diese Entdeckung ihren ersten Theoretiker.[44]

Aber was ist eigentlich gemeint, wenn wir von Politik sprechen? Eine häufig gebrauchte Formel lautet: *Politik ist Machtkampf*, mit Max Weber zu reden, das »Streben nach Machtanteil oder nach Beeinflussung der Machtverteilung, sei es zwischen Staaten, sei es innerhalb eines Staates zwischen den Menschengruppen, die er umschließt«.[45]

Die Formel verführt allerdings zu Missverständnissen, vor allem dann, wenn nicht genauer bestimmt wird, was Macht bedeutet und wozu sie dient. Um es knapp und wiederum formelhaft auszudrücken: Macht ist ein *Mittel* – jedes Mittel, das dazu dient, den eigenen Willen, die jeweiligen Vorstellungen und Interessen auch gegen Widerstand durchzusetzen. Dieses Mittel kann, je nach den Umständen, sich ganz verschieden darstellen: vom rein »Geistigen« der Überredung, der Überzeugung, des Glaubens bis hin zur nackten physischen Gewalt der Fäuste, des Knüppels, der Bajonette oder Maschinengewehre.

Die weitere Frage ist, was »der eigene Wille« eigentlich will, worauf er sich bezieht und zielt. Das kann unendlich vieles sein, aber grundsätzlich ist es möglich, zwei Einstellungen oder Richtungsnahmen zu unterscheiden. Entweder erscheinen die bestehenden Lebensverhältnisse als nachteilig, als ungerecht; dann wird man versuchen, sie zu verändern. Oder die Verhältnisse erscheinen als bejahenswert; dann wird es darum gehen, sie zu bewahren und gegen jeden Versuch der Veränderung zu verteidigen. Konservatives Denken *antwortet* auf die Herausforderung des Veränderns; das europäische Manifest dieses Denkens, Edmund Burkes »Betrachtungen über die Französische Revolution«, erscheint im Jahre 1790.[46] Politik, wie immer sie im Einzelnen aussehen mag, ist also der *Kampf um die Veränderung oder Bewahrung bestehender Verhältnisse.* Natürlich gibt es stets auch das Durcheinander: Dieselbe Person oder Partei kann in der einen Frage konservativ, in der anderen radikal urteilen und handeln.

Der Sachverhalt drängt zu der Einsicht, dass das Politische nicht zu allen Zeiten in der gleichen Weise vorhanden und bedeutsam gewesen ist, dass es vielmehr eine *geschichtliche Dimension des Politischen* gibt. Denn stillschweigend wird vorausgesetzt, dass eine Veränderung der bestehenden Verhältnisse wenigstens dem Prinzip nach überhaupt möglich ist; andernfalls wäre jeder Kampf ja sinnlos. Diese prinzipielle Veränderbarkeit war jedoch keineswegs immer und ist auch heute noch nicht durchgehend gegeben. Zum Beispiel haben wir – bisher zum mindesten – noch kein wirksames Mittel, um das Wetter nach Wunsch zu programmieren, und daher gibt es zwar Wetterberichte, aber noch keine Wetterpolitik und kein Wetterrecht, keinen Konflikt oder gar Krieg um das Wetter. (Und wohl genau darum ist das Wetter ein so beliebter, verbindend-unverbindlicher Gesprächsgegenstand.)

Gäbe es eine wirksame Wettertechnologie, so müsste sich das schlagartig ändern: Der Tourist schwärmt vom Sonnenschein und wohliger Wärme, doch der Bauer, der den Niederschlag braucht, würde ihm Ohrfeigen androhen und der Gletscherwart Kälte fordern. Wenn wir die Wolken bei uns abregnen ließen, würde wahrscheinlich der Nachbar, den dann die Dürre plagt, protestieren und Gegenmaßnahmen ankündigen. Kurzum: Es zeichneten sich unterschiedliche, oft gegensätzliche Interessen ab, die, um wirksam zu werden und sich durchsetzen zu können, ihre Organisation in Verbänden oder Parteien und gesetzliche Regelungen notwendig machen würden. Und wie in aller Welt sollte das Bundesverfassungsgericht über die Ansprüche auf Regen und Sonne, Kälte und Wärme urteilen? Welche Schadensansprüche ließen sich aus dem unvermuteten Einbruch von Nebel und Schneetreiben ableiten! War da Fahrlässigkeit oder Vorsatz im Spiel? Es entstünde vor allem ein neuer Bereich politischer Auseinandersetzungen, vermutlich sogar höchst massiver Konflikte um das, was getan und nicht getan werden soll, im nationalen Rahmen wie in internationalen Dimensionen. Wahrscheinlich wäre nur ein voll entwickelter und handlungsfähiger Weltstaat den politischen Herausforderungen einer wirksamen Wetter- und Klimatechnologie gewachsen – und vielleicht nicht einmal dieser.

Sieht man vom Wetter einmal ab, so ist beinahe alles, was einst – vor Beginn der neuzeitlichen Entwicklung, die zur modernen Gesellschaft hinführte – unvordenklich befestigt war und als Vorsehung der Natur oder Gottes erschien, in den Griff der menschlichen Weltbemächtigung geraten und damit »machbar«, veränderbar, jedenfalls tief greifend beeinflussbar geworden, bis ins Natürlichste und Intimste hinein, zum Beispiel in das Verhältnis von Jugend und Alter oder das der Geschlechter. Gesundheits-,

Sozial-, Steuer- und Sozialpolitik können eingreifen und umgestalten, wie das Recht, wie Erziehung und Bildung, Aufklärung und Gegenaufklärung, die Werbung, die Forschung, die man fördert oder verhindert. (Man denke an die Genforschung.) Zugespitzt ausgedrückt: Mit der modernen Entwicklung ist Natur selber etwas geworden, was künstlich, unter großem und kontroversem Aufwand – auch an politischen Entscheidungsprozessen (man denke an den Umwelt- und Klimaschutz) – bewahrt oder wiederhergestellt werden muss: etwas, das man gegen Eintrittsgeld im botanischen oder zoologischen Garten, im Tierreservat oder Naturschutzpark (bezeichnende, früher unbekannte Begriffe) besichtigen kann und bei sich selbst wiederum künstlich – zum Beispiel durch Diätkuren, Gymnastik, im Fitnessstudio und mit sportlichen Trimm-dich-Aktionen – zu erhalten sucht.

Das stellte sich einst, in der »vormodernen Welt« unserer Vorfahren, vollkommen anders dar. Die wesentlichen Lebensordnungen blieben *schicksalhaft vorbestimmt*. Sie wurden als von der Natur oder von Gott gegeben nicht nur erlebt, sondern sie waren dies auch. Wie schon erwähnt, lebte die große Mehrheit der Menschen ohnehin auf dem Lande und von der Landwirtschaft, den Bedingungen des Bodens und des Klimas ausgeliefert, eingebettet in den Rhythmus der Tages- und Jahreszeiten, abhängig zugleich von den überlieferten Arbeitsgeräten und kaum veränderbaren Produktionstechniken. Niemand, kein Herrscher oder Herrschaftswechsel, kein Bürgerkrieg oder Krieg, konnte hieran etwas ändern. »Politik« blieb folgerichtig eine Randerscheinung des Daseins, ein Luxusgut gleichsam für die, die es sich leisten konnten, um ihren Einfluss, um Vormacht und Unterwerfung oder den Austausch der Führungsfamilien zu kämpfen. Es hat im Mittelalter unzählige Konflikte, Fehden und Kriege gegeben: zwischen

Kaisern und Päpsten, Lehnherren und Gefolgsleuten, Ritterschaften und Städtebünden – doch niemals Revolutionen, wie sie zur Geschichte der Neuzeit gehören.

Die Politisierung der Massen erweist sich also im Wesentlichen erst als eine neuartige, neuzeitliche Errungenschaft, zugleich allerdings als ein unausweichlicher Vorgang. Denn die Politik betrifft mindestens in ihren Auswirkungen im Zuge der modernen Entwicklung immer mehr Menschen in immer weiteren Lebensbereichen, am Ende praktisch jeden und alles. Im Gegenzug wird es notwendig, die Massen politisch zu aktivieren, sie in das politische Handlungssystem zu integrieren. Das schließt ihre Historisierung ein: die Entwicklung des Bewusstseins, dass die bestehenden Verhältnisse eben nicht mehr natürlich oder gottgewollt, sondern veränderbar sind. Darum stellte die Französische Revolution zwar nicht in ihrer genauen Datierung und in ihren Einzelheiten, wohl aber grundsätzlich einen folgerichtigen Vorgang dar, und die Siege der Revolutionsheere bewiesen, welch eine unwiderstehliche Macht von ihr ausging. Wer nicht untergehen wollte, musste eine Antwort auf diese Herausforderung finden. So schufen die preußischen Reformen nach 1807 die Voraussetzungen für den Wiederaufstieg des im napoleonischen Ansturm kläglich zusammengebrochenen friderizianischen Staates. Heeresreform und Städtereform, Bauernbefreiung, Judenemanzipation und Durchsetzung der Gewerbefreiheit heißen ihre Stichworte.

Ein wichtiges Mittel der politischen Aktivierung und Integration, vielleicht das wichtigste, war der Nationalismus, der von 1789 aus geschichtsmächtig wurde und seinen europäischen, schließlich weltweiten Siegeszug antrat. Er bezeichnet freilich auch einen höchst zwiespältigen Vorgang, von der Barbarei, dem Gemetzel und den Vertreibungen ganz abgesehen, die überall auf der Lauer liegen, wo Gebietsansprüche sich überschneiden oder die Völker sich in einer Gemengelage befinden. Unter autokratischen Vorzeichen kann sich der Nationalismus ebenso entwickeln wie unter den demokratischen, und eine Tendenz zur Polarisierung wird sichtbar. Um sie mit Tocqueville zu bezeichnen: »Im politischen Leben kenne ich nur zwei Arten von Gleichheitsherrschaft: Man gewährt entweder jedem Bürger Rechte oder keinem.«[47]

Die einzigartige Dynamik, die die neuere europäische Geschichte auszeichnet, hat entscheidend mit dem wirtschaftlichen Wettbewerb zu tun, den die bürgerliche Gesellschaft entfesselt. Um noch einmal das »Kommunistische Manifest« zu zitieren:

»Die Bourgeoisie hat enthüllt, wie die brutale Kraftäußerung, die die Reaktion so sehr am Mittelalter bewundert, in der trägsten Bärenhäuterei ihre passende Ergänzung fand. Erst sie hat bewiesen, was die Tätigkeit des Menschen zustande bringen kann. Sie hat ganz andere Wunderwerke vollbracht als ägyptische Pyramiden, römische Wasserleitungen und gotische Kathedralen, sie hat ganz andere Züge ausgeführt als Völkerwanderungen und Kreuzzüge.

Die Bourgeoisie kann nicht existieren, ohne die Produktionsinstrumente, also die Produktionsverhältnisse, also sämtliche gesellschaftlichen Verhältnisse fortwährend zu revolutionieren. Unveränderte Beibehaltung der alten Produktionsweise war dagegen die erste Existenzbedingung aller früheren industriellen [lies: wirtschaftlichen] Klassen. Die fortwährende Umwälzung der Produktion, die ununterbrochene Erschütterung aller gesellschaftlichen Zustände, die ewige Unsicherheit und Bewegung zeichnet die Bourgeoisepoche vor allen anderen aus. Alle festen, eingerosteten Verhältnisse mit ihrem Gefolge von altehrwürdigen Vorstellungen und Anschauungen werden aufgelöst, alle neugebildeten veralten, ehe sie verknöchern können. Alles Ständische und Stehende verdampft, alles Heilige wird entweiht, und die Menschen sind endlich gezwungen, ihre Lebensstellung, ihre gegenseitigen Beziehungen mit nüchternen Augen anzusehen.«

Aber es gibt noch andere Faktoren, vorab den geistigen und den politischen Wettbewerb. Reformation und Gegenreformation zerbrechen die Einheit des Glaubens und der Kirche, und alle Versuche, sie wiederherzustellen und die Ketzereien oder den Aufbruch des Geistes zu ersticken, und sei es mit Feuer und Schwert, bleiben zum Scheitern verurteilt. Im Gegenzug zu den Verfolgungen entstehen Fluchtburgen der Toleranz, vorab in den Niederlanden, aber auch und durchaus denkwürdig in Brandenburg-Preußen.[48]

Politisch entwickelt sich eine Vielfalt der Mächte, Staaten und Nationen, die miteinander konkurrieren, und wiederum scheitern alle Versuche, eine bestimmende und erstickende Vormacht durchzusetzen: erst Habsburg-Spaniens, dann Frankreichs unter Ludwig XIV. und Napoleon, schließlich Deutschlands. Wie langwierig und blutig die Auseinandersetzungen sein mögen oder wie vorläufig und zerbrechlich die Balance, die man jeweils erreicht: Am Ende triumphiert stets die Vielfalt über die Einfalt eines einzigen Machtmonopols.[49]

Alles in allem: Wenn Marx sagt, dass die Philosophen die Welt nur verschieden interpretiert haben, es aber darauf ankomme, sie zu verändern, dann tut man dem Autor keine Gewalt an, wenn man umformuliert: In früherer Zeit *konnten* die Philosophen die Welt nur verschieden interpretieren; jetzt ist es *möglich* geworden, sie zu verändern. Grundlage der wachsenden Veränderbarkeit ist, wie Marx erkennt, die Entwicklung der Produktivkräfte im bürgerlichen Zeitalter, verbunden mit dem Fortschritt der Technik und der Forschung. In Abwandlung eines Begriffs von Karl Mannheim könnte man aber auch von einem Zeitalter der *Fundamentalpolitisierung* sprechen: Weil das Veränderungspotential immer weitere Lebensbereiche ergreift und der Prozess des Wandels sich beschleunigt, wächst zugleich der Aktionsbereich des Politischen, des Kampfes um die Veränderung oder Bewahrung bestehender Verhältnisse.

Der alte Streit um den Vorrang des »Seins« oder des »Bewusstseins« mag dabei auf sich beruhen. Im Grunde handelt es sich um ein Wechselverhältnis: Der Strom der Veränderungen schafft ein Bewusstsein der Veränderbarkeit, und dieses Bewusstsein treibt wiederum das Verändern an.

Der Prozess tendiert – wie der große Theoretiker des Krieges, Carl von Clausewitz, es vom Kriege gesagt hat – zum Äußersten, zur Totalität. Weil es am Ende fast nichts mehr gibt, was nicht grundsätzlich verändert werden kann, wird alles politisch bedeutsam und gerät – mindestens der Möglichkeit nach – in die Zonen des Konflikts. Gleichzeitig wachsen die Mittel, die bei der Austragung von Konflikten eingesetzt werden können, zu immer größerer Zerstörungskraft an. Und die modernen, arbeitsteiligen und hochkomplizierten Gesellschaften erweisen sich als immer störungsanfälliger. Anders als vormoderne Gesellschaften können sie nicht mehr in weitgehend unabhängige bäuerliche Elementareinheiten zerfallen, um von ihnen her sich neu aufzubauen. Sondern jeder auch nur kurzfristige Zerfall, jedes Abschalten der Energiezufuhren oder des sonstigen Warenverkehrs käme einer unabsehbaren Katastrophe gleich. Mit hohem Risiko nähern wir uns dem Zustand einer strukturellen Kriegsunfähigkeit oder haben ihn schon erreicht.[50] Davon sprechen, unter anderem, die Schreckensszenen des 11. September 2001 und die abgründigen Ängste, die sie aufrühren.

Um den zwiespältigen Sachverhalt noch etwas anders auszudrücken: Natürliche und göttliche Kräfte bezeichneten einst das Schicksal, in das die Menschen sich zu fügen hatten. Darum erscheint die Geschichte der Neuzeit als eine Geschichte der Emanzipation, der Befreiung des Menschen von elementaren Zwängen und als der Triumph seiner Weltbemächtigung. Aber zugleich ist damit *Politik das Schicksal* geworden, ein Schicksal, das *Menschen* dem Menschen und der Menschheit bereiten und für das Menschen *verantwortlich* sind.

Was das für die Zukunft und für den Fortgang der Geschichte bedeutet, ist zu bedenken. Mit Tocqueville zu reden: »Eine völlig neue Welt bedarf einer neuen politischen Wissenschaft.«[51]

Vom Geist und vom Ende der Utopie

Bewahren und Bewegen, die Macht des Überlieferten und die Kräfte des Fortschritts: Das Spannungsverhältnis zwischen diesen Polen kennzeichnet die Geschichte der Neuzeit und prägt das Geschichtsverständnis, das darauf sich gründet.

Überlieferung ist das Nicht-Vergangene, das in die Gegenwart hineinragt und sie mit bestimmt, sei es hintergründig und den Zeitgenossen kaum mehr bewusst. In jedem Falle handelt es sich darum, dass man die Erscheinungen und Ereignisse einer Epoche nicht verstehen kann ohne das, was ihr vorausging. Zum Beispiel ist Hitlers Herrschaft undenkbar ohne die Weichenstellungen des 19. Jahrhunderts: das Misslingen einer freiheitlichen und selbstbewussten Bürgergesellschaft, die Formierung eines antiwestlichen Nationalbewusstseins und die Gründung des Nationalstaates mit »Blut und Eisen« oder das Bild des von der Vorsehung berufenen politischen Genies, das sich an Bismarck entwickelt. Zur Sache gehört auch die Nachwirkung Preußens, seiner Tugenden und Untugenden, Eliten und Institutionen, übrigens höchst doppelsinnig teils in der Zuarbeit, teils im Widerstand: ein ganzes Bündel von Voraussetzungen. Und es gehört dazu die Entwicklung eines Geschichtsbewusstseins, das in der nihilistischen Auflösung der Werte auf die Macht setzt und nichts außerdem. Anderswo sieht es anders aus, aber auf wirkungsmächtige Überlieferungen stoßen wir erst recht, wenn wir uns der Geschichte der Schweiz, der Niederlande, Frankreichs, Großbritanniens oder der Vereinigten Staaten zuwenden. Im folgenden Kapitel wird davon die Rede sein.

Bewegung will sich vom Überlieferten losreißen, als Antwort auf neue Herausforderungen oder als Suche nach einer besseren Zukunft. Manchmal, oft sogar spielt der Ehrgeiz eine Rolle. Als der Preußenkönig Friedrich, den man dann bald schon »den Großen« nannte, in Schlesien einmarschierte, enthüllte er in einem Brief an seinen Freund Charles Etienne Jordan die Beweggründe: »Meine Jugend, die Glut der Leidenschaft, der Ruhmesdurst, ja selbst die Neugier, um Dir nichts zu verhehlen, kurz ein geheimer Instinkt hat mich den Freuden der Ruhe entrissen. Die Genugtuung, meinen Namen in den Zeitungen und später in der Geschichte zu sehen, hat mich verführt.« In der Regel wird das nur nicht so ehrlich gesagt, sondern mit edlen Absichten verbrämt. Aber es gibt ja auch den idealistischen Eifer, und er gewinnt weit stärkere Durchschlagskraft als der persönliche Ehrgeiz, wenn er sich mit Prinzipienfestigkeit wappnet: »Hier stehe ich, ich kann nicht anders!«

Wenn die Ausrichtung zur Zukunft das Überlieferte abstoßen will, dann kennzeichnet es die europäische Neuzeit, dass das nicht oder nur unvollkommen gelingt. Vielleicht kann man sogar vom Glück statt vom Unglück der Geschichte sprechen, wo es nicht zu Sprüngen und Brüchen kommt, sondern das Neue sich allmählich aus dem Hergebrachten entfaltet. Um wieder ein Beispiel zu nennen: Der englische Parlamentarismus ist eine uralte Institution, und es vergehen Jahrhunderte, bis er seine moderne Form erreicht. Die »glorreiche« Revolution von 1688, die den letzten Stuartkönig James oder Jakob II. vertreibt, stellt ihrem Anspruch nach nur verletzte Parlamentsbefugnisse wieder her, und die Ausweitung des Wahlrechts, mit der sich eine Oligarchie in die Demokratie verwandelt, wird im 19. Jahrhundert nicht mit einem großen Schlag, sondern über Jahrzehnte hin in Teilschritten vollzogen.

Die Weisheit der Verbindung von Überlieferung und Bewegung hat Edmund Burke bezeichnet, als er sagte: »Wenn es das Interesse der Regierung ist, daß Reformen rechtzeitig durchgeführt werden, dann ist es das Interesse des Volkes, daß sie gemäßigt bleiben. Denn eine gemäßigte Reform ist dauerhaft und schließt ein Prinzip des Wachstums ein. Wann immer wir verbessern, sollten wir Raum für weitere Verbesserungen lassen. Wir sollten uns umblicken und prüfen, um festzustellen, was wir bewirkt haben. Dann können wir mit Zuversicht fortfahren, weil wir es mit Klugheit tun. Bei überhasteten Reformen dagegen, bei dem, was man mit mehr Eifer als Überlegung ›ganze Arbeit‹ nennt, ist alles meist so unausgereift, schroff und unverdaut, so sehr mit Unüberlegtheit und Ungerechtigkeit vermischt …, daß die gleichen Leute, die eben noch die größten Eiferer waren, bald abscheulich finden, was sie angerichtet haben. Dann ruft man das gerade aus der Welt geschaffte Übel aus dem Exil zurück, um es als Korrektur der Korrektur einzusetzen; das Übel selbst gewinnt die Glaubwürdigkeit einer Reform; das Ideal guter Politik gerät als Utopie unerfahrener Hitzköpfe in Mißkredit. So werden schließlich die Übel unheilbar, nicht aus sich selbst, sondern wegen der falschen und gewaltsamen Heilmittel.«[52]

Im Grunde meint dies nichts anderes, als was Schumpeter einmal in ein plastisches Bild gebracht hat: Ein Auto muss nicht langsamer fahren, sondern kann umso zügiger vorankommen, je wirksamere Bremsen es hat.[53] In der Tat: Ohne Bremsen forsch zu fahren ist kein Zeichen der Überlegung und des Mutes, sondern des unverantwortlichen Leichtsinns. Die Panik der Passagiere, ihr Wunsch, um beinahe jeden Preis anzuhalten und auszusteigen, ist dann nur zu verständlich.

Es liegt nahe, hier den Begriff der *Kontinuität* einzuführen: Wo man im Überlieferten zu Hause ist, kann man sich ohne Angst der Zukunft zuwenden, und vielleicht nur in einer gefestigten Verbindung von Vergangenheit und Zukunft gelingt das verantwortungsbewusste Handeln. Denn, noch einmal in Burkes Worten: Ein Gemeinwesen ist wohl ein »Vertrag«, aber der einer umfassenden Partnerschaft. Die Ziele solcher Partnerschaft »können in vielen Generationen nicht erreicht werden. Daher handelt es sich um eine Partnerschaft nicht allein zwischen den Lebenden, sondern zwischen denen, die gestorben sind, denen die leben, und denen, die erst noch geboren werden sollen.«[54] Oder in den Worten des Freiherrn vom Stein: »Allein dadurch, daß man das Gegenwärtige aus dem Vergangenen entwickelt, kann man ihm eine Dauer in die Zukunft versichern; sonst erhält die neue Institution ein abenteuerliches Dasein ohne Vergangenheit und Bürgschaft für die Zukunft.«[55]

Man mag das als konservative Beschwichtigung abtun und muss sich darauf nicht einlassen. Denn wie ist es, wenn das Bestehende sich als abgründig verworfen, ungerecht, menschheitsfeindlich darstellt? Dann erscheint als unmoralisch, im Grunde als ausgeschlossen, es in Teilschritten verbessern zu wollen, weil das Böse damit nicht aus der Welt geschafft, sondern im Gegenteil gekräftigt und überlebensfähig gemacht würde. Man sollte es zerstören und den Bauplatz der Zukunft planieren, um dem

Guten, dem Menschheitsheil das Fundament zu schaffen.

Dafür die Skizzen, die Grundrisse zu entwerfen ist Sache der Dichter und Denker. Es entsteht die Utopie, die das Geschichtsverständnis der Neuzeit als ihr Schatten begleitet oder – je nach dem Standpunkt – ihm als Licht in der Dunkelheit voranleuchtet.[56] Als Spielart gibt es auch die rückwärts gewandte Utopie, das Bild vom Garten Eden des unverdorbenen Naturmenschen, den man irgendwo in den Weiten und Wäldern Kanadas oder in der Südsee entdeckt, zum Beispiel in Tahiti.[57]

Wörtlich handelt es sich um den Ort Nirgendwo. Die Gattung verdankt ihren Namen der Schrift »Utopia« von Thomas More, die in engem Kontakt mit Erasmus von Rotterdam in den Jahren 1515/16 entstand. Auf einer Trauminsel, deren Lage unbekannt ist, hat sich die ideale Gesellschaft entwickelt, und jemand, der sie angeblich gesehen hat, liefert die Beschreibung, dem Anschein nach handelt es sich um ein unschuldiges Spiel der Fantasie. Aber es will dem gedankenlosen Kleben am Bestehenden abhelfen und erweist sich damit rasch als verfänglich. In Mores »Utopia« heißt es von den Fürstendienern:

»Wenn einer in diesem Kreis von Neidern und Selbstgefälligen etwas vorbringt, was er entweder von anderen Zeiten gelesen oder an anderen Orten gesehen hat, so tun die, die es hören, so, als ob das ganze Gebäude ihrer Weisheit gefährdet würde und sie für ausgemachte Dummköpfe gehalten werden müßten, wenn sie nicht etwas zu erfinden vermöchten, das die Erzählungen Lügen straft. Wenn alles versagt, greifen sie zu der Ausflucht: ›So war es unseren Vorfahren recht; wären wir nur so klug wie sie!‹ Nach diesen Worten setzen sie sich nieder, als hätten sie eine hervorragende Rede gehalten. Als ob es höchst gefährlich wäre, wenn sich einer dabei ertappen ließe, daß er weiser als seine Vorfahren ist.«[58]

»Das machen wir schon immer so!«, »Da könnte ja jeder kommen«: Die Trägheit des Beharrens kennt viele Formeln, und wehe dem, der sie stört. Kaum von ungefähr sind frühe Utopie-Autoren wie Thomas More (1478–1535), Francis Bacon (1561–1626) und Tommaso Campanella (1568–1639) zu Verfolgten oder Verstoßenen geworden.[59]

Es liegt nahe, die Utopie aus der christlichen Überlieferung abzuleiten, so wie etwa Karl Löwith das getan hat.[60] »Wir haben hier keine bleibende Stadt, sondern die zukünftige suchen wir«, heißt es in der Bibel, im Brief an die Hebräer, Kapitel 13. Die Heilsgeschichte wird sich am Jüngsten Tag mit der Auferstehung und dem ewigen Leben vollenden. Aber von der Utopie trennt die christliche Botschaft ein wichtiger Unterschied: Das Heil ist nicht von dieser Welt, es lässt sich durch Menschenmacht niemals herbeizwingen, denn immer gibt es den sündhaften »alten Adam«, der alles verdirbt. Darum verbleibt das Heilsgeschehen in Gottes Hand, als Erlösung verbürgt durch den Kreuzestod und die Auferstehung Jesu Christi. In einem einst populären, heute aus den Gesangbüchern verschwundenen Kirchenlied von Ludwig Joergens hieß es:

»Wo findet die Seele die Heimat, die Ruh?
Wer deckt sie mit schützenden Fittichen zu?
Ach bietet die Welt keine Freistatt uns an,
wo die Sünde nicht herrschen, nicht anfechten kann?
Nein, nein, hier ist die nicht;
die Heimat der Seele ist droben im Licht.«

Opium für das Volk? Die neuzeitlichen Eiferer für das innerweltliche Heil wollten es so sehen. Doch gerade im Blick auf die irdischen Verhältnisse stellt sich der christliche Glauben eher nüchtern und realistisch dar. Einem Denken allerdings, das auf dem Wege zu seiner Weltbemächtigung die Straße der Triumphe betreten hat, erscheint dieser Realismus als Resignation und die Nüchternheit als eine Beschwichtigung, die man nicht dulden darf. Um mit Heinrich Heine zu schwärmen:

»Ein neues Lied, ein besseres Lied,
O Freunde, will ich euch dichten:
Wir wollen hier auf Erden schon
Das Himmelreich errichten.«[61]

Man könnte von einer Wendung des Erlösungsglaubens in die *Weltfrömmigkeit* sprechen. Der Philosoph (und entlaufene Theologe) Johann Gottlieb Fichte hat in seinen Vorlesungen über »die Grundzüge des gegenwärtigen Zeitalters«, 1804 bis 1805 zu Berlin gehalten, »das gesamte Erdenleben durch seinen Endzweck begriffen« und in fünf »Grundepochen« eingeteilt. Im »Stand der Unschuld« beginnt das Menschengeschlecht seinen Weg durch die Geschichte. Es folgt der »Stand der anhebenden Sünde« und dann, als das gegenwärtige Zeitalter, »der Stand der vollendeten Sündhaftigkeit«. Wo aber Gefahr ist, wächst das Rettende auch, wie mit der Sünde das Gnadenverlangen, wie aus dem Elend die gute Gesellschaft, wie aus Niederlagen der Sieg und aus dem Tod das Leben. Ein »Stand der anhebenden Rechtfertigung« ist bereits abzusehen, der schließlich und im Wortsinne *endgültig* in die »vollendete Rechtfertigung und Heiligung« übergeht.

So ungefähr sehen die Planspiele des utopischen Geistes überall aus; nur die Begriffe wechseln und die Instrumente, die zum Einsatz kommen sollen. Aber diese Entwürfe der Zukunft sind alles andere als unschuldig. Schon ein halbes Jahrhundert vor Fichte gab es die Träume

Rousseaus, die vielleicht missverstanden oder nur zu gut verstanden wurden. Heine hat von ihnen gesagt:

»Der Gedanke will Tat, das Wort will Fleisch werden. Und wunderbar! der Mensch, wie der Gott der Bibel, braucht nur seinen Gedanken auszusprechen, und es gestaltet sich von dem Festland, oder gar wilde Bestien kommen zum Vorschein. Die Welt ist die Signatur des Wortes. – Dies merkt euch, ihr stolzen Männer der Tat. Ihr seid nichts als unbewußte Handlanger der Gedankenmänner, die oft in demütigster Stille euch all eu'r Tun auf das bestimmteste vorgezeichnet haben. Maximilien Robespierre war nichts als die Hand von Jean-Jacques Rousseau, die blutige Hand, die aus dem Schoße der Zeit den Leib hervorzog, dessen Seele Rousseau geschaffen. Die unstete Angst, die dem Jean-Jacques das Leben verkümmerte, rührte sie vielleicht daher, daß er schon im Geiste ahnte, welch eines Geburtshelfers seine Gedanken bedurften, um leiblich zur Welt zu kommen?«[62]

Die Revolution lässt Rousseaus Gebeine ins Pantheon überführen und Auszüge seiner Schriften in den Straßen von Paris verlesen, damit das Volk erfährt, worum es jetzt geht. Am 5. Februar 1794 hält Robespierre vor dem Konvent eine denkwürdige Rede und entwirft darin die rousseauistische Utopie:

»Wir wollen in unserem Lande den Egoismus durch die Moral ersetzen, die Ehre durch die Rechtschaffenheit, die Gewohnheit durch Prinzipien, die Schrecklichkeit durch die Pflicht, den Zwang der Tradition durch die Herrschaft der Vernunft, die Geringschätzung des Unglücks durch die Geringschätzung des Lasters, die Frechheit durch das Selbstgefühl, die Eitelkeit durch Seelengröße, den Geldhunger durch die edle Ruhmsucht, die sogenannte gute Gesellschaft durch gute Menschen, die Ränkesucht durch die Verdienstlichkeit, den Schöngeist durch die Genialität, den falschen Glanz durch die Wahrheit, die Langweiligkeit der Wollust durch den Zauber des wahren Glücks, die Kleinheit der großen Leute durch die Größe des Menschen, ein artiges, leichtfertiges, klägliches Volk durch ein großmütiges, mächtiges, glückliches Volk, das heißt alle Laster und Lächerlichkeiten der Monarchie durch alle Tugenden und alle Wunderwerke der Republik. Mit einem Wort, wir wollen den Willen der Natur erfüllen, die Bestimmung der Menschheit Wirklichkeit werden lassen, die Versprechungen der Philosophie einlösen, die Vorsehung von der langen Herrschaft des Verbrechens und der Tyrannei freisprechen.«

Um die Utopie zu verwirklichen, braucht man Prinzipien. Denn »schon aus der Ferne muß man seine Maßnahmen treffen, um die Geschicke der Freiheit in die Hände der Wahrheit – die unvergänglich ist – und nicht in die der Menschen – die vergänglich sind – zu legen. Wenn also die Regierung die Belange des Volkes außer acht läßt oder sich in die Hände verderbter Menschen zurückfallen läßt, wird nach dem natürlichen Gang der Dinge die Klarheit der anerkannten Prinzipien ihren Verrat erhellen und jede neue Fraktion wird beim bloßen Gedanken an das Verbrechen den Tod finden.«

Freilich sterben die Feinde der Freiheit und Gleichheit nicht schon beim Anblick philosophischer Prinzipien. Völlig konsequent folgt daher der nächste Schritt:

»Wenn die Triebkraft der Volksregierung in Friedenszeiten die Tugend ist, so ist ihre Triebkraft in Zeiten der Revolution *Tugend und Terror* zugleich: die Tugend, ohne die der Terror unheilvoll ist, der Terror, ohne den die Tugend machtlos bleibt. Der Terror ist nichts anderes als das schlagfertige, unerbittliche, unbeugsame Recht. Er ist somit ein Erzeugnis der Tugend; er ist weniger ein besonderes Prinzip als ein Produkt des allgemeinen Prinzips der

Demokratie, das auf die dringlichsten Angelegenheiten des Vaterlandes angewandt wird ... Herrscht die Tyrannei auch nur einen einzigen Tag, dann gibt es bald keine Patrioten mehr. Wie lange noch wird man die Wut der Despoten Gerechtigkeit, die Gerechtigkeit des Volkes aber Rohheit und Aufsässigkeit nennen? Wie zartfühlend ist man doch gegenüber den Unterdrückern, wie unerbittlich gegen die Unterdrückten! Nichts ist natürlicher: Wer nicht das Verbrechen haßt, kann die Tugend nicht lieben! Das eine oder das andere muß jedoch unterliegen. Nachsicht für die Royalisten, schreien manche Leute, Erbarmen für die Schurken! Nein: Erbarmen für die Unschuld, Erbarmen für die Schwachen, Erbarmen für die Unglücklichen, Erbarmen für die Menschlichkeit! Nur den friedlichen Bürgern schuldet die Gesellschaft ihren Schutz; und Bürger sind in der Republik nur die Republikaner. Royalisten, Verschwörer sind für die Republik nur Ausländer oder mehr noch: Feinde ... Die Menschheitsbedrücker bestrafen ist Milde; ihnen verzeihen ist Unmenschlichkeit. Die Härte des Tyrannen hat zum Prinzip nichts anderes als die Härte; die der republikanischen Regierung leitet sich aus der Menschlichkeit her.«[63]

Dies ist in der Tat nichts als folgerichtig: Wo es dem Anspruch nach um die Erlösung von allem Übel, das Menschheitsheil schlechthin geht, da wird jeder, der sich auch nur abseits hält, verdächtig. Und jeder, der sich widersetzt, gibt sich als Feind, als ein Un-Mensch zu erkennen, der entweder bekehrt oder verfolgt, vertrieben, ausgerottet werden muss. So panzern sich die Utopie des Guten und der von ihr entfesselte Terror mit dem guten Gewissen. Wie Aldous Huxley es ausgedrückt hat, als Engländer auch mit dem gehörigen Zuschuss von Selbstironie: »Ein Denken in Begriffen von Grundprinzipien bringt ein Tun mit Maschinengewehren mit sich. Eine Regierung mit einem umfassenden Plan zur Verbesserung der menschlichen Gesellschaft ist eine Regierung, die die Folter anwendet. Per contra, wenn man nie Grundprinzipien bedenkt und keinen Plan hat, sondern Situationen behandelt, wie sie entstehen, eine nach der anderen, kann man sich unbewaffnete Polizisten, Redefreiheit und Habeas-corpus-Akte leisten.«[64]

Es ist das Schicksal der Utopie, dass sie Ungeheuer, das heißt Feindbilder gebiert. Denn mit dem Guten macht sie das Böse dingfest; sie scheidet die Menschheit in die Kinder des Lichts und die Kinder der Finsternis. Wenn das Weltenheil greifbar nahe ist, aber bisher nicht erreicht wurde, dann muss es Gruppen von Menschen geben, die seine Verwirklichung verhindern, weil sie daran ein Interesse haben. Es mag sich um Minderheiten handeln, doch im Überlieferten und Bestehenden verfügen sie über die Macht, die sie mit allen Mitteln verteidigen. Gleich ob es sich in der Französischen Revolution um die aristokratischen Repräsentanten des Ancien Régime, im Sozialismus um die kapitalistischen Klassenfeinde oder im Nationalsozialismus um die Juden handelt: Man muss ihnen diese Macht entreißen – und sie danach erst recht verfolgen und vernichten, um jede Wiederkehr des Unheils auszuschließen.

Die Französische Revolution lieferte ein Muster, aber im Rückblick nimmt sie sich bloß wie ein Vorspiel aus. Maximilien Robespierre wurde kaum ein halbes Jahr nach seiner großen programmatischen Rede selbst aufs Schafott geführt. Im 20. Jahrhundert ging man gründlicher vor. Die Verwirklichung der sozialistischen Utopie im Leninismus und Stalinismus wütete mit ihren »Säuberungen« und schuf sich als Gegenstück zur sozialistischen Verheißung gleich auch noch ihre negative Utopie, gewissermaßen ihren eigenen Ort Nirgendwo, doch handgreiflich und schrecklich genug: den »Archipel Gulag« für die in Sibirien oder in Eismeerregionen Verlorenen. Ähnlich der SS-Staat, die nationalsozialistischen Konzentrations- und Vernichtungslager, aus der gewöhnlichen Lebensordnung und Gesellschaft sorgfältig ausgegliedert.

Zur Sache gehören aber auch die Erziehungsprogramme. Denn sogar an den Kindern des Lichts haften noch die Schlacken des Überlieferten, die abgesprengt werden müssen, um den *neuen Menschen* herzustellen, der sich im Sinne des Sozialismus sozusagen als paradiesfähig (oder im Nationalsozialismus als heldentauglich) erweist.

Unerhörte Anstrengungen sind unternommen worden, um den neuen Menschen zu schaffen. Doch weniger an ihren Vernichtungsaktionen als an ihren positiven Programmen sind die Utopien gescheitert. Als Entwürfe von Ideen oder Träumen bleiben sie unangreifbar; sie sind ihrem Wesen nach *erfahrungsresistent*. Denn sie sprechen von einer Zukunft, in der noch niemand war; daher kann es auch keine Erfahrungen geben, die sie bestätigen oder widerlegen. Sie sind einzig auf das leuchtende »Prinzip Hoffnung« gegründet.

Doch der Versuch, den Traum in die Wirklichkeit umzusetzen, ändert alles. Von da an, also im sozialistischen Beispiel seit der Oktoberrevolution von 1917, muss er sich bewähren oder scheitern. Er *ist* gescheitert. Nach Jahrzehnten der Propaganda und der Umerziehung schon von der Kinderkrippe an kehrte der »alte Adam« zurück, als hätte es nie jemand anders gegeben als ihn. Mit Recht hat man vom »Triumph der Anthropologie über die Geschichtsphilosophie« gesprochen.[65] Aber zu diesem Triumph gehört die Schreckensbilanz im Rückblick.[66] In unserer mit unendlichem Leid und Strömen von Blut sehr teuer erkauften Erfahrung hat der Realismus des christlichen Menschenbildes erwiesen – oder seine Abwandlung ins Weltliche, die Immanuel Kant in den Satz gefasst hat:

»Aus so krummen Holze, als woraus der Mensch gemacht ist, kann nichts ganz Gerades gezimmert werden.« Der große Aufklärer aus Königsberg hat schon auf seine Weise die Schlussfolgerung formuliert, die seit dem Zusammenbruch des Sozialismus höchst aktuell anmutet:

»Ohne jene, an sich zwar nicht liebenswürdige, Eigenschaften der Ungeselligkeit, woraus der Widerstand entspringt, den jeder bei seinen selbstsüchtigen Anmaßungen notwendig antreffen muß, würden in einem arkadischen Schäferleben, bei vollkommener Eintracht, Genügsamkeit und Wechselliebe, alle Talente auf ewig in ihren Keimen verborgen bleiben: die Menschen, gutartig wie die Schafe, die sie weiden, würden ihrem Dasein kaum einen größeren Wert verschaffen, als dieses ihr Hausvieh hat ... Dank sei also der Natur für die Unvertragsamkeit, für die mißgünstig wetteifernde Eitelkeit, für die nicht zu befriedigende Begierde zum Haben, oder auch zum Herrschen! Ohne sie würden alle vortrefflichen Naturanlagen in die Menschheit ewig unentwickelt schlummern. Der Mensch will Eintracht; aber die Natur weiß besser, was für seine Gattung gut ist: sie will Zwietracht. Er will gemächlich und vergnügt leben; die Natur will aber, er soll aus der Lässigkeit und untätigen Genügsamkeit hinaus, sich in Arbeit und Mühseligkeiten stürzen, um dagegen auch Mittel auszufinden, sich klüglich wiederum aus den letzten herauszuziehen. Die natürlichen Triebfedern dazu, die Quellen der Ungeselligkeit und des durchgängigen Widerstandes, woraus so viele Übel entspringen, die aber doch auch wieder zur neuen Anspannung der Kräfte, mithin zu mehrerer Entwicklung der Naturanlagen antreiben, verraten also wohl die Anordnung eines weisen Schöpfers; und nicht etwa die Hand eines bösartigen Geistes, der in seine herrliche Anstalt gepfuscht oder sie in neidischer Weise verderbt habe.«[67]

Die Anwälte des »Neo-Liberalismus« und die Wegbereiter der Globalisierung, falls sie über die gehörige Bildung verfügten, könnten sich hierauf berufen. Aber trifft es auch zu?

Die Frage lässt sich umformulieren: Ist die Utopie noch zu retten oder unwiderruflich verloren? Seit 1990 ist darüber intensiv diskutiert worden, mit höchst unterschiedlichen Ergebnissen.[68] Eine endgültige Antwort kann es ohnehin nicht geben, weil niemand die Zukunft kennt. Manchmal stößt man auch auf offenkundige Widersprüche, etwa bei Joachim Fest. Es heißt bei ihm: »Die eigentliche Suggestion des Sozialismus aller Spielarten gründete darauf, daß er den Menschen das Utopieverlangen als gleichsam angeboren einzureden vermochte, indem er jeden Seufzer, der je auf der Welt gehört worden war, und alle Klagen über die friedlosen und ungerechten Zustände als Ausdruck der Suche nach der ideal geordneten Gesellschaft ausgab ... Geblieben sind von alledem nur die Verheerungen der verwirklichten Utopie.«

Doch nur zwei Seiten später liest man, »daß es keinen historischen Zustand gibt, aus dem die Menschen sich schließlich nicht in einen besseren fortwünschten. Vieles spricht sogar dafür, daß die Ruhelosigkeit der historischen Bewegung zunehmen und noch dramatischere Konflikte aus sich hervortreiben wird. Denn die vom Sozialismus gebundenen Bedürfnisse nach einem Glauben und einer Daseinsbotschaft sind mit dessen Ende ziellos geworden und werden nicht lange damit warten, neue Uniformen anzulegen und unter neuen Fahnen zu neuen Phantasiereichen aufzubrechen.«[69] Was also gilt nun?

Dass viele, wahrscheinlich die meisten Menschen mit den bestehenden Verhältnissen unzufrieden sind und sich aus ihnen fortwünschen, versteht sich beinahe von selbst.

Aus der Natur des christlich oder mit und seit Kant unchristlich gezeichneten »alten Adam« lässt sich das ohne Schwierigkeiten erklären. Meist allerdings handelt es sich um Teilaspekte: Die Lasten der Steuern und Abgaben wiegen zu schwer, die Mieten sind zu hoch; es fehlt an Parkplätzen, und um den Verkehrslärm zu mindern, hätte längst eine Umgehungsstraße gebaut werden müssen. Und so geht es in einem fort. Man schimpft, macht sich im Reden am Stammtisch oder in Leserbriefen an die Regionalzeitung Luft, ändert sein Wahlverhalten oder übt Wahlenthaltung, tritt einer Bürgerinitiative bei und spendet für Organisationen wie »Greenpeace«. Mit dem »Utopieverlangen« hat das sehr wenig oder überhaupt nichts zu tun; aber es entspricht dem Stimmen- und Stimmungsgewirr einer offenen Gesellschaft, der banalen Alltäglichkeit demokratischer Politik, in der man, laut Huxley, »Situationen behandelt, wie sie entstehen, eine nach der anderen«.

Gerade die Alltäglichkeit praktischer Erfahrungen bildet für Utopien einen denkbar schlechten Nährboden. Der Sachverhalt lässt sich am Vergleich erkennen, etwa mit den Niederlanden, der Schweiz, England und den Vereinigten Staaten. Von Randerscheinungen und den Ausnahmen abgesehen, die die Regel bestätigen, wird die neuere Geschichte dieser Länder von einer hartnäckigen *Utopiefremdheit* bestimmt. Unter keinem Vorzeichen hat man sich auf die innerweltliche Erlösung, schon gar nicht auf eine gewalttätige *Endlösung* angeblicher Menschheitsprobleme eingelassen. Fragt man nach den Gründen, so sind vor allem zwei zu nennen.

Einmal geht es um die christliche Überlieferung. Der Glaube bestreitet die Fähigkeit des Menschen zu seiner Selbstheiligung; er unterscheidet die vorletzten, die irdischen von den letzten Dingen, die in Gottes Hand liegen.[70] Und er sagt, dass zum Erdenleben das wesenhaft Gebrechliche, die Sünde gehört. Was uns bleibt, ist nur die Besserung im stets Unvollkommenen, zur Zukunft hin offen, ohne Erlösung und Endziel. Im Lauf der Jahrhunderte entstand damit eine Neigung und Fähigkeit zu nüchternem Denken und pragmatischem Handeln, zur Reform als einem politischen Grundprinzip.[71] Darum ist es kein Zufall, dass dort, wo der Glaube eine auch politisch prägende Bedeutung gewann und sie noch in der Säkularisierung bewahrte – besonders im Calvinismus und im angloamerikanischen Nonkonformismus –, politische Kulturen der Mäßigung, der Liberalität und der Toleranz entstanden sind.

Vielleicht sollte man auch von der Skepsis als einem leitenden Prinzip sprechen. In der Gründungsphase der Vereinigten Staaten haben die Autoren der »Federalist Papers«, die sich für eine Verfassungsordnung der Gewaltenteilung einsetzten, ein glänzendes Beispiel gegeben. Sie schrieben:

»Die wichtigste Sicherung gegen eine allmähliche Konzentration der verschiedenen Gewalten in einem Bereich besteht darin, dafür zu sorgen, daß die Männer, welche die einzelnen Bereiche verwalten, die notwendigen verfassungsmäßigen Möglichkeiten besitzen und ein persönliches Interesse daran haben, sich den Übergriffen aus anderen Bereichen zu widersetzen ... Ehrgeiz muß durch Ehrgeiz unschädlich gemacht werden. Das persönliche Interesse muß mit den verfassungsmäßigen Rechten des Amtes Hand in Hand gehen. Es mag ein schlechtes Licht auf die menschliche Natur werfen, daß solche Winkelzüge notwendig sein sollten, um Mißbräuche in der Regierung zu verhindern. Aber setzt nicht schon die Tatsache, dass Regierungen überhaupt nötig sind, die menschliche Natur in ein schlechtes Licht? Wenn die Menschen Engel wären, so brauchten sie keine Regierung ... Die

Methode, das Fehlen edlerer Motive durch die Förderung rivalisierender Interessen auszugleichen, kann durch alle menschlichen Angelegenheiten verfolgt werden, seien sie privater oder öffentlicher Natur ... Dieses von der Vernunft eingegebene Vorgehen empfiehlt sich erst recht bei der Verteilung der höchsten Gewalten im Staat.«

»Überlegungen dieser Art«, heißt es an anderer Stelle, »mögen denen als kleinlich erscheinen, die in Amerika die heiteren Tage des poetischen und mythischen Zeitalters heraufbeschwören wollen. Wer aber glaubt, daß auch uns das normale Maß an Wechselfällen und Schwierigkeiten nicht erspart bleiben wird, das allen Nationen zugemessen ist, wird sie ernster Überlegung für wert halten.«[72]

Der zweite Faktor heißt schlicht Erfahrung. Wem die öffentlichen Angelegenheiten auch nur halbwegs vertraut sind und wer mit widerstreitenden Anschauungen und Interesse alltäglich zu tun bekommt, der weiß, wie kompliziert die Verhältnisse sind und dass sie sich mit dem einen großen Schlag schwerlich entwirren lassen. Erfahrungen begünstigen also wiederum das pragmatische Handeln und eine politische Kultur der Mäßigung, in der die Kompromissbereitschaft nicht als Makel, sondern als Tugend erscheint. In den genannten Ländern gedieh diese politische Kultur, weil schon früh für eine verhältnismäßig große und ständig wachsende Zahl von Menschen die Teilnahme an der Politik möglich wurde.

Deutschland ist auf einen anderen Weg gezwungen worden. Das für seine Zukunft entscheidende religiöse Ereignis war die Reformation. »Wie kriege ich einen gnädigen Gott?«, hieß Luthers zentrale, vom Andrang der Gewissensnöte bestimmte Frage. Mit unerhörter Eindringlichkeit stellte diese Frage den Menschen, jeden für sich, unmittelbar vor Gott. Es lässt sich absehen, welche Beschwernisse dem Einzelnen damit zufielen, in welche Tiefen oder Abgründe des Grübelns und des Zweifelns er geriet – aber auch: welch eine geistige Energie und Radikalität damit freigesetzt wurde.

Die reformatorische Kirche vermochte diese Energie je länger desto weniger zu binden. Denn im Kampf ums Überleben, von den Mächten der Gegenreformation bedroht, blieb ihr nur die Zuflucht beim Fürstenstaat. Nicht bloß ein Bündnis entstand damit, sondern die Organisation als Staatskirche, als die andere, geistliche Form von Obrigkeit, mit allen Folgen von der beamteten Verwaltung bis zur orthodoxen Erstarrung des Glaubens.

Für den Ausbruch aus der Erstarrung boten sich gegensätzliche Möglichkeiten an. Die eine führte zur Bruderschaft der »Stillen im Lande«, zu pietistischen Erweckungsbewegungen, wie sie von der Oberlausitz bis an den Niederrhein und von Württemberg bis Pommern viele Regionen Deutschlands geprägt haben. Die andere Möglichkeit war der Ausbruch aus den Glaubensanstalten, als seien sie Gefängnisse, wenn nicht des Leibes, dann des Geistes. Nirgendwo sonst ist im 19. Jahrhundert die Religionskritik so sehr ins Prinzipielle getrieben worden wie in Deutschland, und stets weiter entfernte sich das, was »Bildung« meinte, von den christlichen Traditionen. Heilssuche gab es zwar immer noch oder erst recht, aber von der Kirche getrennt, aus ihren Bindungen fortgerissen. Dramatisch, mit allen Lasten der Gewissensnöte und Schuldgefühle beladen, geriet damit die Gottsuche ins Diesseits hinüber und verwandelte sich zur Weltfrömmigkeit, aus der das Utopiebedürfnis erwuchs.[73] *Hier und jetzt* sollte das Heilsgeschehen offenbar werden, und die Geschichtsphilosophie nach dem Muster Fichtes sollte dazu den Weg weisen.

Politisch und gesellschaftlich blieb indessen das Schlüsselereignis der Dreißigjährige Krieg. Im langfristig wirkenden Ruin zwang er das Bürgertum dazu, sich in den Obrigkeitsstaat einzufügen, das heißt zum *Politikverzicht*, der den *Untertanen* kennzeichnet. Dieser Verzicht wurde am Ende sogar verinnerlicht und bejaht. Um es mit Thomas Manns »Betrachtungen eines Unpolitischen« zu sagen: »Ich will nicht Politik. Ich will Sachlichkeit, Ordnung, Anstand ... Ich bekenne mich tief überzeugt, daß das deutsche Volk die politische Demokratie niemals wird lieben können aus dem einfachen Grunde, weil es die Politik selbst nicht lieben kann, und daß der vielverschriene ›Obrigkeitsstaat‹ die dem deutschen Volk angemessene, zukömmliche und von ihm im Grunde gewollte Staatsform ist und bleibt ... Der Unterschied von Geist und Politik enthält den von Kultur und Zivilisation, von Seele und Gesellschaft, von Freiheit und Stimmrecht, von Kunst und Literatur; und Deutschtum, das ist Kultur, Seele, Freiheit, Kunst und nicht Zivilisation, Gesellschaft, Stimmrecht, Literatur.«[74]

Thomas Mann hat sich nach 1918 gewandelt, aber nicht die Einstellung, die er beschrieb. Die Weimarer Republik ist im Kern daran gescheitert, dass eine Mehrheit ihrer Bürger die im plötzlichen Zusammenbruch des alten Staates erzwungene Herausforderung zur Politik nicht annehmen wollte und sie als einen Verrat am deutschen Wesen, als Sturz in den Kulturverlust deutete.[75] Hitlers Versprechen, das ihn schließlich zum *Führer* machte, war dagegen, dass er alle Verantwortung auf sich nehmen und die Deutschen von der Last des Politischen wieder *befreien* werde. Um einen historischen Schritt weiter gelangt man in die DDR; auch sie hat unter dem Deckmantel umfassender Politisierung in Wahrheit einen umfassenden *Politikverzicht* durchgesetzt. Denn wenn »die Partei immer Recht« hat und der Fortgang der Geschichte längst entdeckt und vorgezeichnet ist, dann bleibt für den Bürger nur, sich im gehorsamen Beifall zu üben und davon abgesehen sich in seiner persönlichen »Nischen«-Existenz einzurichten, so dürftig oder so behaglich die Verhältnisse das erlauben.[76]

Aber das Utopieverlangen wird bei alledem keineswegs zerstört, sondern im Gegenteil entzündet. Im Kontrast zur herrschenden Misere gedeiht es in der Hülle »machtgeschützter Innerlichkeit«, und nicht nur für Deutschland gilt der Satz, dass die blockierte politische Praxis umso unwiderstehlicher zur geistigen Radikalisierung drängt. Schon Tocqueville hat dies am Beispiel französischer Literaten und Philosophen im Vorfeld der Revolution von 1789 anschaulich gemacht:

»Gerade die Lage dieser Schriftsteller ließ sie in Fragen der Regierung an allgemeinen und abstrakten Theorien Geschmack finden und diesen blindlings vertrauen. Bei der fast gänzlichen Entfernung von der Praxis, in der sie lebten, konnte keine Erfahrung die stürmische Hitze ihres Naturells mäßigen. Nichts machte sie auf die Hindernisse aufmerksam, die das tatsächlich Bestehende selbst der wünschenswertesten Reform bereitet; sie hatten keinen Begriff von den Gefahren, welche stets auch die notwendigsten Revolutionen begleiten ... Eben deshalb wurden sie viel kühner in ihren Neuerungen, verliebter in allgemeine Ideen und Systeme, viel entschiednere Verächter alter Weisheit und vertrauten ihrer individuellen Vernunft noch mehr, als man es gewöhnlich bei Autoren findet, die spekulative Bücher über Politik schreiben.«[77]

In Deutschland galt das erst recht: Die Utopie wurde systematisch als Geschichtsphilosophie entwickelt. In seiner »Deutschen Ideologie« hat Karl Marx den Sachverhalt sarkastisch kommentiert:

»Wie deutsche Ideologen melden, hat Deutschland in den letzten Jahren eine Umwälzung ohne Gleichen durchgemacht. Der Verwesungsprozeß des Hegelschen Systems, der mit Strauß begann, hat sich zu einer Weltgärung entwickelt, in welche alle ›Mächte der Vergangenheit‹ hineingerissen sind. In dem allgemeinen Chaos haben sich gewaltige Reiche entwickelt, um alsbald wieder unterzugehen, sind Heroen momentan aufgetaucht, um von kühneren und mächtigeren Nebenbuhlern wieder in die Finsternis zurückgeschleudert zu werden. Es war eine Revolution, wogegen die französische ein Kinderspiel ist, ein Weltkampf, vor dem die Kämpfe der Diadochen kleinlich erscheinen. Die Prinzipien verdrängten, die Gedankenhelden überstürzten einander mit unerhörter Hast, und in den wenigen Jahren 1842–1845 wurde in Deutschland mehr aufgeräumt als sonst in drei Jahrhunderten. – Alles dies soll sich im reinen Gedanken zugetragen haben.«[78]

Zur Ironie des Vorgangs gehört freilich, dass Marx selbst der exemplarische Gedankenheld war, der aus den Diadochenkämpfen ehemaliger Hegelschüler siegreich hervorging: der schließlich weltbewegende Theoretiker einer politisch blockierten und eben darum radikal entworfenen Praxis. Und weil es diese Blockade nicht nur in Deutschland gab, sondern auch und sogar noch ungleich fester gefügt im zaristischen Russland, fiel dort die marxistische Lehre, von Lenin schlagkräftig umgeformt, auf fruchtbaren Boden.[79]

Die Verwurzelung des hergebrachten deutschen Denkens im Unpolitischen lässt sich vielleicht noch in seinem Verhältnis oder vielmehr Missverhältnis zum Kompromiss anschaulich machen. Er gehört zur Routine politischer Praxis – und ist für die Utopie des Teufels, weil er die Vision verdirbt. In seinem »Traktat über den Kompromiß« hat Theodor Wilhelm geschrieben:

»Die Neigung, das Unmögliche zu wollen und damit das Mögliche unmöglich zu machen, hat in Deutschland einen tiefgestaffelten geschichtlichen Hintergrund ... Wo Kompromisse geschlossen werden, wird das Subjekt in Abhängigkeit gebracht. Abhängigkeit von den äußeren Umständen, die gegeben und nicht beliebig veränderbar sind, und Abhängigkeit von anderen Menschen, die das Subjekt in seiner Willkür beschränken. Der Kompromiß ist eine Form des Sichentschließens, welche die Meinung und den Willen anderer zur Kenntnis nimmt und das eigene Konzept damit in Einklang bringt. Die Selbstherrlichkeit des Ichs wird damit ganz entschieden eingeschränkt. Eine positive Theorie des Kompromisses bricht insofern brutal in das umfriedete Gehege des deutschen Freiheitsbegriffs ein.« Denn dieser Freiheitsbegriff war eigentlich immer ein »rein geistiger« und eben damit absoluter; die praktische Folge jedoch war »die Flucht des Subjekts, das durch die Freiheitsbeschränkung von außen her bedroht ist, in den Innenraum der Gesinnung«.[80]

Um zusammenzufassen: Das Utopiebedürfnis ist kein notwendiges Zubehör der menschlichen Natur, sondern ein Produkt der geschichtlichen, in unserem Falle der deutschen Umstände. Im Sinne dieser Umstände war die DDR auf paradoxe Weise noch weitaus traditioneller und eindeutiger deutsch als die Bundesrepublik, die seit ihrer Gründung den Anschluss an die westliche Zivilisation vollzog. Weil die DDR als eine verspätete Spielart des alten Obrigkeitsstaates mit neuen Mitteln das alte Elend des erzwungenen Politikverzichts und der blockierten Praxiserfahrung fortsetzte, bewahrte sie zugleich eine Kultur der machtgeschützten Innerlichkeit und das Erbe der Utopie.

Hier findet man die Erklärung dafür, dass ihr Untergang besonders bei Intellektuellen zwiespältige Gefühle weckte und manchmal eine Art von Nostalgie aufkommen ließ; dieser Untergang stellte sich ebenso als Befreiung aus der deutschen Misere dar wie als Verlust der Innerlichkeit und Ruin der Utopie. Statt aber über die trauernden Gedankenmänner und -frauen zu spotten, sollte man sich in ihre Situation einfühlen. Als Sachverwalter der Utopie waren sie die Kritiker des Bestehenden, das sie gerade dann bedeutsam machte, wenn die bornierte Starrheit des »real existierenden Sozialismus« als Diffamierung, Ausgrenzung und Vertreibung auf sie zurückschlug. Aber dieser Bedeutungsgewinn blieb ans herrschende System, den vormundschaftlichen Staat, an die blockierte Erfahrung der Freiheit gebunden; der Sturz des Bestehenden zog den eigenen Bedeutungssturz nach sich.

Die Utopie ist die Gestalt des menschlichen Sinnverlangens, die sich ihren Ort im Fortgang der Geschichte sucht. Wenn aber die Utopie zerfällt, dann bleibt doch dieses Sinnverlangen; es gehört zur Natur des Menschen als einem Wesen, das die Ungewissheit der Zukunft sein will, dass das Leben sich lohnt. Daraus, so scheint es, entsteht ein Problem für demokratische Ordnungen, das unlösbar ist und manche Betrachter zu pessimistischen Vorhersagen verführt. Um noch einmal Joachim Fest zu zitieren: »Es ist der große, gleichsam angeborene Mangel liberaler Gesellschaften, daß sie keinen greifbaren, die Leiden und Ängste der Menschen rechtfertigenden Lebenssinn vermitteln.«[81]

Nein, es ist durchaus kein Mangel, sondern im Gegenteil ein Vorzug, die Grundbedingung der Freiheit. Denn die wird zerstört, wenn die Politik Sinn stiften und durchsetzen will. Fest sagt es selbst: »Genau besehen leistet das Verlangen nach sinnvermittelnden Antworten von seiten der Politik nichts anderem als den totalitären Tendenzen

Vorschub, die eben deshalb totalitär sind, weil sie auch dafür das letzte Wort beanspruchen. Nicht umsonst ist die institutionelle Trennung der religiösen von der politischen Sphäre eine der großen zivilisierenden Leistungen des modernen Verfassungsstaates.«[82] Sie beruht auf der Scheidung der letzten von den vorletzten Dingen und darauf, dass die Politik sich aufs Vorletzte beschränkt.

Wo ein »Führer« die Vorsehung kommandiert oder eine Monopolpartei die Wahrheit der Geschichte in Erbpacht nimmt, da gibt es Freiheit nur als Farce; es gibt sie nicht als Möglichkeit zum legitimen Abweichen und Anderssein. Und gesetzt sogar, eine Elite – etwa als Ethik- oder Sinnkommission berufen – hielte die Wahrheit schlechthin in ihren Händen, so wäre dennoch ihr Anspruch, daraus ein Recht auf die Durchsetzung abzuleiten, strikt zurückzuweisen. Denn damit verkäme die Wahrheit schon zu Propaganda und Indoktrination und jeder Dialog zur Unterwerfung. Mit Guy Kirch zu reden: »Ein Staat, der sagt, was gut und schön, richtig und wahr ist, ein Staat, der vorgibt, ein Hort menschlicher Wärme zu sein, kann nur repressiv für seine Bürger, lähmend für eine lebendige Entwicklung, lächerlich und hassenswert für die Außenstehenden sein.«[83] Oder wie der ehemalige Bundespräsident Walter Scheel sarkastisch formuliert hat: »Die Demokratie kann und will ihren Bürgern nicht ihren Lebenssinn handlich verpackt liefern; den müssen sich die Bürger schon selber suchen.«[84]

Die weitaus meisten tun das übrigens ganz selbstverständlich. Sie sind zufrieden, wenn die Umstände es ihnen erlauben, halbwegs ordentlich und gesichert zu leben und hier und dort etwas vom persönlichen Lebensglück zu erfahren.

Natürlich ist damit das Sinnverlangen nicht erledigt und sollte das auch keineswegs sein. Es wird nur aus einem Bereich verbannt, in dem es nichts zu suchen hat. Dass es dabei Erscheinungen gibt, die uns Unbehagen bereiten, versteht sich. Zu jeder offenen und nachchristlichen Gesellschaft gehört ein »lunatic fringe«, ein Grenzbereich der hysterisch Erregten und des Irrwitzes, in dem es von Scharlatanen, falschen Propheten, Wundergläubigen und Wahnbefallenen wimmelt. Eine demokratische Ordnung muss ihre Zumutungen ertragen, weil die Freiheit, die sie verteidigt, weitaus wichtiger ist. Wehrhaftigkeit wird erst dort, dann allerdings auch mit Nachdruck, gefordert, wo der Wahn die Freiheit selbst oder Grundrechte der Mitmenschlichkeit angreift, zum Beispiel im Aufbau von Feindbildern und im Fremdenhass.

Manchmal und nicht einmal selten wird mit einem Unterton von Verachtung behauptet, das demokratische System, vorab seine Mehrheitsregel, sei doch »bloß formal«.[85] Aber genau dies ist wiederum sein Vorzug; denn an der Formalität hängt die Freiheit und nicht zuletzt die Chance der Minderheiten. Nur weil die Entscheidungsbefugnisse der Mehrheit tatsächlich »bloß formal« sind, können wir sagen: Jene Entscheidung war abwegig, dieses Gesetz überflüssig und unsinnig; wir werden uns darum bemühen, die Mehrheitsverhältnisse zu ändern, um das Abwegige und Unsinnige aus der Welt zu schaffen. Wer daher von Inhalten aus, zur »Betroffenheit« und zu weihevollen »Anliegen« stilisiert, bei jeder Gelegenheit eine Art von Notstand ausruft, um gegen die Mehrheitsentscheidungen Widerstand zu proklamieren und zu praktizieren, der handelt höchst kurzsichtig. Für wen eigentlich, wenn nicht zum Schutz der Schwachen und im Interesse der Minderheiten, sind die Spielregeln wichtig? Wer ohnehin die Macht hat, ist auf formgerechte Verfahren weit weniger angewiesen. Er kann, wenn es zum Äußersten kommt, diktieren, was geschehen soll. Die Minderheiten aber müssen peinlich genau auf die Einhaltung der Regeln achten. Wer zum Beispiel das Demonstrationsrecht gewalttätig missbraucht, darf sich danach nicht wundern und kaum noch beklagen, wenn dann im Gegenzug die Neigung stärker wird, dieses Recht zu verkürzen.

Um zu wiederholen, was schon gesagt wurde: Keiner weiß, was die Zukunft bringt. Allenfalls kann man versuchen, die Chancen des Wahrscheinlichen und des Unwahrscheinlichen abzuschätzen. Aber niemals sollte man sich in Sicherheit wiegen, und niemals darf die Wachsamkeit nachlassen. Denn dass die moderne Zivilisation zerbrechlich ist, dass dicht unter ihr die Barbarei auf der Lauer liegt, haben die Erfahrungen des 20. Jahrhunderts schreckensvoll bewiesen. Doch man sollte auch nicht in die Schwarzmalerei verfallen. Der modische Zivilisationspessimismus kann zu einer politischen Gefahr werden; nur zu leicht entwickelt er sich zu einer der Prophezeiungen, die sich selbst erfüllen.

Fünf Entwicklungen seien genannt, die durchaus hoffnungsvoll stimmen. Erstens sind bis auf wenige, eher dumpfe Restbestände die Feindbilder verschwunden, die zur neueren deutschen Geschichte gehörten. Sie liegen ja nicht sehr weit hinter uns; noch die Bundesrepublik und die DDR sind mit ihren Feindbildern entstanden und aufgewachsen: hier der kommunistischen Gefahr, dort des imperialistischen Klassenfeindes. Inzwischen sind wir »von Freunden umzingelt«, und es sieht nicht so aus, als ob wir darüber in Panik gerieten.

Zweitens ist seit 1945 ein nachhaltiger Wandel eingetreten. Sofern jedenfalls »Demokratiewerte« sich daran messen lassen, dass die Bürger sich kratzbürstig ins politische Getriebe mischen und vor keiner Form von Obrigkeit mehr in Ehrfurcht erstarren, sind mit ihren jeweils jungen Generationen vorweg die Deutschen in der Bundesrepublik tatsächlich Demokraten geworden. In einer groß angelegten, die Ergebnisse der Sozial- und Meinungsforschung systematisch auswertenden Untersuchung haben Martin und Sylvia Greiffenhagen dies nachgewiesen, und im internationalen Vergleich glaubten sie schon 1979 zeigen zu können, dass in der Bundesrepublik eine politische Kultur entstanden ist, »die sich in kurzer Zeit nicht mehr von den alten Demokratien Europas und Nordamerikas unterscheiden wird«.[86]

Auch die Belastbarkeit ist offensichtlich gewachsen. Nach 1929 schlug die Weltwirtschaftskrise – anders als in Großbritannien oder in den Vereinigten Staaten – sofort und verheerend auf das politische System durch, und noch in den sechziger Jahren führte eine vergleichsweise leichte Rezession zu rechtsradikalen Wahlerfolgen. Inzwischen nimmt man weitaus größere Schwierigkeiten beinahe gelassen hin. Besonders bemerkenswert stellt sich die Entwicklung in den neuen Bundesländern dar, wenn man bedenkt, welche Belastungen die Menschen dort mit den geforderten Umstellungsleistungen nach dem Zusammenbruch der DDR zu tragen hatten und mit der Höhe der Arbeitslosigkeit noch immer tragen müssen.

Drittens gehen wir, wie die anderen wirtschaftlich hochentwickelten Staaten sei es in Europa oder in Japan, einer Altersgesellschaft entgegen, wie es sie in der Geschichte noch niemals gegeben hat. Welche Auswirkungen das haben wird, ist darum weitgehend unbekannt. Offenkundig ist nur, dass die bisherigen sozialstaatlichen Sicherungssysteme in eine Krise geraten und tief greifend umgestaltet werden müssen. Aber man braucht wenig Fantasie, um sich noch anderes vorzustellen, zum Beispiel die Wahrscheinlichkeit, dass den Utopien schlechte Zeiten bevorstehen.

Es ist das Vorrecht oder die Versuchung der Jugend, sich eine Zukunft auszumalen, die anders sein wird als die

Gegenwart und in der Zertrümmerung des Bestehenden ihre Träume verwirklicht. Jugendbewegungen waren im 20. Jahrhundert die Bannerträger der Utopie. Das galt schon für den romantischen Aufbruch der »Wandervögel« im Kaiserreich und ihren Protest gegen die wilhelminische Spießbürgerei. In der Weimarer Republik kann man geradezu von einem Klassenkampf der Generationen sprechen; die NSDAP und die KPD waren Jugendparteien.[87] »Macht Platz, ihr Alten!«, hieß darum die Losung, die der nationalsozialistische »Reichsorganisationsleiter« Gregor Strasser ausgab. Und ähnlich noch einmal die Studenten- und Jugendrevolte der Bundesrepublik, die sich mit der Jahreszahl 1968 verbindet: »Trau keinem über Dreißig!«

Mit solchen Parolen dürfte künftig kein Staat mehr zu machen sein; die gereifteren, älteren und alten Jahrgänge haben es in der Hand, die ungestümen jungen Leute niederzustimmen, notfalls mit verfassungsändernden Zwei-Drittel-Mehrheiten. Und alte Leute wollen sich nicht mehr auf Abenteuer einlassen, sondern in Ruhe genießen, was sie erreicht haben.

Viertens muss man an die Globalisierung erinnern. Sie ist zunächst einmal ein wirtschaftlicher Zwang, dem keine Nation sich entziehen kann, wenn sie nicht hoffnungslos zurückfallen will. Es geht um ihre elementaren Wirtschaftsinteressen, um Wohlstand oder Verarmung, Arbeit oder Arbeitslosigkeit. Die Globalisierung aber erfordert in jedem Sinne Pragmatismus und Weltoffenheit; ein Sinnverlangen, das sich selbst im Gehäuse einer Utopie einschließt, lässt sich damit nicht vereinbaren – und schon gar nicht, wenn es auch noch politisch durchgesetzt werden soll. Wehe dem Staat als einem Utopieverwalter, der sich, mit Guy Kirch zu reden, repressiv nach innen und für die Außenstehenden als lächerlich und hassenswert darstellt; die Zeiten der Autarkie sind auch geistig vorüber, und alle geschichtliche Erfahrung sagt, dass Ideen sich blamieren, wenn nicht zugleich materielle Interessen sie tragen. Aber nicht nur die Interessen der großen, global operierenden Wirtschaftsunternehmen, sondern auch die Hoffnungen der Arbeitskräfte auf Arbeit, des Staates auf Steuereinnahmen, der jungen Leute auf eine Zukunft und der Senioren auf ein gesichertes Alter sind auf Gedeih und Verderb an die Globalisierung gebunden. Im Übrigen leisten sogar die technischen Entwicklungen einen wichtigen Beitrag: Im Zeitalter der Computer und des Internet, das heißt einer weltweiten Vernetzung, kann es kaum noch und der Tendenz nach immer weniger gelingen, Denkgebote durchzusetzen oder Verbote wirksam zu machen.

Fünftens haben jedenfalls in Europa die Traditionsmächte ihre Kraft verloren, so wie seit langem oder seit je schon in Amerika. Sie bildeten aber das Widerlager der Utopien: Ohne diese Traditionsmächte keine Feindbilder. Irgendjemandem muss man doch die Schuld dafür zurechnen, dass das Traumziel noch nicht verwirklicht wurde. Dabei war stets und bleibt der Feind praktisch noch wichtiger als das Ziel. Denn das liegt in den Nebeln des Nirgendwo oder Noch-nicht verborgen; der Feind aber ist nah und konkret. Man kann ihn bekämpfen und im Kampf sich selbst ein Profil, die Identität, das Ansehen, die Begeisterung idealistischer Opferbereitschaft verschaffen. In der Zukunft, der wir entgegengehen, gibt es innerhalb unserer Zivilisation kein Ancien Régime mehr, das zu bekämpfen sich lohnt, welcher Spielart auch immer. Und mit ihrem Feind ist zugleich die Utopie verloren.

Alles in allem: Was vor uns liegt, sieht anders aus als die Vergangenheit. Dass das 21. Jahrhundert, unter der Bedingung des Wettkampfes aller gegen alle, zur Idylle eines neuen Biedermeier gerät, ist kaum zu erwarten. Doch ebenso unwahrscheinlich nimmt es sich als ein neues Zeitalter der Utopien und jener Gestalten des Schreckens aus, der einst mit ihnen verbunden war. Die weltweit vernetzte Wissens- und Informationsgesellschaft, der wir entgegengehen, träumt nicht mehr, es sei denn von ihrem eigenen Fortgang, der sich in unzähligen kleinen Schritten vollzieht und verliert. Zu ihren Tugenden gehören, ergebnisoffen, die Neugier, die Lernfähigkeit, der Pragmatismus und die Skepsis, und nichts könnte von der verfestigten, gleichsam betonierten und gepanzerten Utopie weiter entfernt sein, die, nach einem Wort Helmuth Plessners, »die unbestreitbaren Vorzüge eines Katechismus und einer Felddienstordnung auf bestrickende Weise in sich vereint«[88].

Eine neue Herausforderung? Fragen nach dem 11. September 2001

Seit wir, wieder und wieder, die Schreckensbilder von den einstürzenden Türmen des World Trade Center in New York sahen, haben die Beschwörungen und Beschwichtigungen Konjunktur: Zwar sind die Terroristen unsere geschworenen Feinde, die nicht nur Amerika, sondern uns alle, die offene Gesellschaft der westlichen Zivilisation, herausfordern, wenn sie als Selbstmörder morden und sich dabei als fromme Koranschüler fühlen. Aber das seien sie nicht, wird uns gesagt; mit dem wahren Islam haben sie nichts zu tun. Der verkünde den Frieden und stehe dabei mit den anderen Hochreligionen des Judentums und des Christentums brüderlich zusammen, mit denen ihn ohnehin die gleichen Wurzeln verbinden. Es gäbe keinen »Kampf der Kulturen« oder »clash of civilizations«[89]. Allenfalls gehe es um ein – leider weithin vom Westen verschuldetes – Wohlstandsgefälle, um den Gegensatz zwischen Gewinnern und Verlierern der Globalisierung; da müsse man nun schleunigst Abhilfe schaffen.

Doch so einfach liegen die Dinge leider nicht. Osama Bin Laden und seine Anhänger, auch die, die am 11. September Flugzeuge kaperten und sie für ihren Anschlag benutzten, stammen durchweg aus wohlhabenden Familien und zumeist aus Ländern wie Saudi-Arabien oder den

Staaten am Persischen Golf, die dank ihres Erdöls zu den reichsten der Welt gehören. Wenn wir ihnen unterstellen, dass sie verkappte Klassenkämpfer, verspätete Anhänger des Marxismus-Leninismus seien, verfallen wir einer grotesken Fehleinschätzung aus unserer eigenen, materialistischen Perspektive, die sie gerade nicht teilen. Nach allem, was wir bisher von ihnen wissen, handelt es sich gewiss um Fanatiker, aber keineswegs um Wirrköpfe, sondern um mehr oder minder gebildete und vor allem um fromme Leute, die ihr Vernichtungswerk als Überzeugungstäter betreiben.[90]

Das Christentum beruht auf der Unterscheidung des Letzten und der Vorletzten. »Mein Reich ist nicht von dieser Welt«, sagt der Mann aus Nazareth und Sohn Gottes. Er wird für die alttestamentarisch geschulten Schriftgelehrten zum Ärgernis, weil er ihre innerweltlichen Gesetzlichkeiten wenn nicht verachtet, dann doch als zweitrangig deutet. So jedenfalls übermitteln es die Evangelisten und die Apostel. »Wir wissen, daß der Mensch nicht gerecht wird durch des Gesetzes Werke, sondern durch den Glauben an Jesus Christus«, schreibt Paulus in seinem Brief an die Galater und fügt hinzu: »Wenn durch das Gesetz die Gerechtigkeit kommt, so ist Christus vergeblich gestorben.« Die Scheidung der Heilsbotschaft von den irdischen Angelegenheiten, in denen es keine Selbsterlösung des Menschen aus der Sündhaftigkeit des »alten Adam« gibt, bildet einen Kern des Glaubens und die zentrale Voraussetzung für die neuzeitliche Zivilisationsentwicklung der westlichen Welt.

Die heilige Schrift des Islam, in der die Offenbarungsbotschaften des Propheten Mohammed niedergelegt sind, kennt diese Scheidung gerade nicht. In den 114 Kapiteln oder Suren des Koran ist die Heilsbotschaft mit den Anweisungen für das innerweltliche Leben zu einer Einheit verschmolzen und auf dieser Grundlage kaum nachvollziehbar, dass der Glaube auf der einen Seite, die gesellschaftlichen und politischen Ordnungen auf der anderen Seite nichts miteinander zu tun haben sollen. Darum müssen wir uns damit abfinden, dass die islamischen »Fundamentalisten« das, was im Zeichen der Globalisierung nicht bloß wirtschaftlich, sondern vor allem auch moralisch und geistig auf sie eindringt, als einen elementaren Angriff empfinden, den sie mit ihrem Gegenangriff beantworten. Je nüchterner wir uns auf diesen Tatbestand einstellen, statt ihn zu vertuschen, desto besser. Dabei wissen wir nicht, ob die Überzeugungskraft westlicher Errungenschaften und Lebensverhältnisse sich als stark genug erweisen wird, um einen nach ihren Maßstäben verwandelten und gezähmten Islam auf die Dauer und glaubwürdig durchzusetzen, mit allen Auswirkungen von der Verweltlichung der Gesellschaft und des Staates bis zur Gleichstellung von Männern und Frauen oder der Geburtenbeschränkung. Wenn das nicht gelingt, dann gehen wir tatsächlich einem sehr bitteren Zusammenstoß der Kulturen und einer Zukunft voller Konflikte und Schrecken entgegen.[91]

Die Reaktionen auf den 11. September 2001 haben aber noch etwas anderes gezeigt. Allgemein hieß es, dass wir mit etwas vollkommen Neuem, bisher Unbekanntem konfrontiert seien. Doch diese Behauptung steht auf den schwachen Füßen einer fahrlässigen oder vorsätzlichen Unkenntnis; sie stellt unserer »Gedenkkultur« und allgemein unserem Geschichtsbewusstsein ein schlechtes Zeugnis aus. Wozu taugt es denn, wenn wir nicht erkennen, dass es Vergleichbares durchaus schon gegeben hat – und zwar in Mitteleuropa, in Deutschland, angelegt in der inbrünstigen Überzeugung oder in dem Wahn, das Besondere, Geheiligte unserer Kultur gegen den zersetzenden und zerstörenden Ansturm der westlichen Zivilisation um jeden Preis und mit allen Mitteln verteidigen zu müssen? In dieser Überzeugung oder diesem Wahn wurden zwei Weltkriege geführt, daraus stammt der Triumph der Gewaltherrschaft und – unter anderem – die Vernichtung von sechs Millionen Juden.

In den vorangegangenen Kapiteln wurden schon eine Reihe von Belegen für die Frontstellung der deutschen *Kultur* gegen die westliche *Zivilisation* angeführt; die Reihe dieser Belege ließe sich fast beliebig vermehren. Ihre Botschaft ließe sich schlagwortartig zusammenfassen: Es ging um die Stiftung einer unauslösbaren *Gemeinschaft*[92], um die Rückkehr vom »Ich« zum »Wir«. Hitler hat von der »Sozialisierung des Menschen« gesprochen[93] und – vom Jubel umbrandet – die Erziehung zur Volksgemeinschaft beschrieben, in der der Einzelne sich verlieren soll:

»Die Jugend, die lernt ja nichts anderes als deutsch denken, deutsch handeln, und wenn diese Knaben und Mädchen mit ihren zehn Jahren in unsere Organisation hineinkommen und dort zum ersten Mal eine frische Luft bekommen und fühlen, dann kommen sie vier Jahre später vom Jungvolk in die Hitler-Jugend, und dort behalten wir sie wieder für vier Jahre. Und dann geben wir sie erst recht nicht zurück in die Hände unserer alten Klassen- und Standeserzeuger, sondern dann nehmen wir sie sofort in die Partei, in die Arbeitsfront, in die SA oder SS, in das NSKK und so weiter. Und wenn sie dort zwei oder anderthalb Jahre sind und noch nicht ganze Nationalsozialisten geworden sein sollten, dann kommen sie in den Arbeitsdienst und werden dort sechs oder sieben Monate geschliffen, alles mit einem Symbol, dem deutschen Spaten. Und was dann nach sechs oder sieben Monaten noch an Klassenbewußtsein oder Standesdünkel da oder da noch vorhanden sein sollte, das übernimmt dann die Wehrmacht zur weiteren Behandlung auf zwei Jahre, und wenn sie nach zwei, drei oder vier Jahren zurückkehren, dann nehmen wir sie, damit sie auf keinen Fall rückfällig werden, sofort wieder in die SA, SS und so weiter, und sie werden nicht mehr frei ihr ganzes Leben.«[94]

Wenn das »Ich« sich im »Wir« auflösen und der Einzelne nur noch ein Glied der Gemeinschaft sein soll, dann rücken *Gehorsam und Opferbereitschaft* zu den Kardinaltugenden auf. Hitler hat sie in »Mein Kampf« gepredigt, den »Idealismus« gefeiert und von ihm gesagt: »Wir verstehen darunter nur die Aufopferungsfähigkeit des Einzelnen für die Gesamtheit, für seine Mitmenschen.«[95] Am Ende, im Angesicht des Scheiterns, hat er sich nur darüber beklagt, dass ihm nicht genug Zeit geblieben sei, um den radikal neuen Gemeinschaftsmenschen zu schaffen, mit dem er seinen Kampf mit Aussicht auf Erfolg hätte führen können.[96]

Wer ein literarisches Zeugnis von Rang finden will, der lese den »Zauberberg« von Thomas Mann, der im Jahre 1924 erschien. Da entsteht in der Figur des Leo Naphta das Bild des Eiferers für den »heiligen Terror«. Er spricht vom absoluten Befehl und von der Lust am absoluten Gehorsam, von der »Verleugnung des Ich«, von der Opferbereitschaft und Disziplin, auf die alles ankommt.[97]

Im Jahre 1932, kurz vor der nationalsozialistischen »Machtergreifung«, hat Ernst Jünger, damals einer der Wortführer des radikalen Nationalismus und der totalen Mobilmachung für den kommenden Weltenkampf, geschrieben:

»Jede Haltung, der ein wirkliches Verhältnis zur Macht gegeben ist, läßt sich auch daran erkennen, daß sie den Menschen nicht als Ziel, sondern als Mittel ... begreift. Der Mensch entfaltet seine höchste Kraft, entfaltet Herrschaft überall dort, wo er im Dienste steht. Es ist das Geheimnis der echten Befehlssprache, daß sie nicht Versprechungen macht, sondern Forderungen stellt. Das tiefste Glück des Menschen besteht darin, daß er geopfert wird, und die höchste Befehlskunst darin, Ziele zu zeigen, die des Opfers würdig sind.«[98]

Das erwies sich keineswegs als ein Wahn, sondern als abgründige Wahrheit. Die ungeheure Verführung lag einst und liegt unter vordergründig veränderten Vorzeichen noch immer darin begründet, dass der Mensch, der sich opfert, sein soll wie Gott: gerüstet oder trunken gemacht mit der Entscheidung über Leben und Tod, mit der Freiheit zum eigenen Sterben wie mit der Ermächtigung zum Töten.

Je mehr man sich in die deutschen Ideen und Taten vertieft, die zur ersten Hälfte des 20. Jahrhunderts gehörten, desto deutlicher treten die Ähnlichkeiten, um nicht zu sagen die Übereinstimmungen mit dem Terrorismus unserer Tage hervor. Nur die Einkleidungen und die technischen Mittel haben sich verändert. Doch umso dringender stellt sich zugleich die Frage, warum diese Zusammenhänge kaum oder gar nicht gesehen werden.

Wozu eigentlich taugt unsere »Gedenkkultur«? Ist sie zum bloßen Ritual erstarrt? Hat die Fixierung auf den »Zivilisationsbruch Auschwitz« zu einem Denkverbot geführt? Scheuen wir den Vergleich, weil er uns noch einmal und endgültig zu Verlierern machen, nämlich das Bewusstsein zerstören könnte, wenigstens im Negativen einmalig zu sein? Oder ängstigen wir uns insgeheim, beinahe vorbewusst davor, unsere seit 1945 glücklich erreichte Ansiedlung in der offenen Gesellschaft der westlichen Zivilisation wieder erschüttert zu sehen? Das allerdings wäre fatal, denn es würde Rückschlüsse darauf erlauben, dass diese Ansiedlung noch längst nicht so fest begründet ist, wie wir selber glauben und andere glauben machen möchten. Und auch solch einer heimlichen, uneingestandenen Unsicherheit könnte einerseits der Eifer einer *uneingeschränkten* Solidarität mit Amerika folgen, der in den vorauseilenden Gehorsam flüchtet und kritische Rückfragen gar nicht mehr erlaubt, während andererseits *klammheimliche Freude*, eine Art von Einverständnis mit den Terroristen sozusagen als unseren Testamentsvollstreckern aufzüngelt, jedenfalls solange sie Amerika und nicht uns angreifen.

Dabei müsste ein nüchterner und genauer Vergleich im Grunde doch hilfreich sein. Er ließe uns besser verstehen, was vorgeht, und abschätzen, was getan werden muss, um der Gefahr zu begegnen. Außerdem wäre es hilfreich, um uns gegen den Hochmut und den Hass zu wappnen, weil wir begriffen, welche Versuchungen zur Conditio humana, zum Menschen als Menschen gehören.

Eine vorläufige Schlussfolgerung sagt allerdings, dass wir dazu offenbar ein anderes Geschichtsbewusstsein brauchen als das bisher vorherrschende, das uns bei seiner Feuerprobe so kläglich im Stich gelassen hat.

Die moralisierte Geschichte

In den angeblich guten alten Zeiten liebten es die Fürsten und bisweilen auch die Völker, ihren Vorfahren und Feldherren oder den Künstlern, den Dichtern und Denkern Denkmäler zu setzen. Besonders zu Pferde machten Kaiser, Könige und Kurfürsten etwas her, was dann zu der einleuchtenden Regel führte, dass gewöhnliche Sterbliche nur fußläufig oder mit Büsten zu verewigen seien. Wer so den bedeutenden deutschen Männern und – weit in der Minderheit – Frauen begegnen will, besuchte die Walhalla bei Regensburg. Bayerns König Ludwig I. erdachte, Leo von Klenze erbaute sie. Die Einweihung fand am 18. Oktober 1842 statt, und bis heute vermehrt dann und wann bayerische Ministerweisheit die Zahl ihrer Bewohner.

Nach dem glorreichen Schlachtensieg bei Sedan über den Erbfeind Frankreich kamen die Kriegervereine und mit ihnen, beinahe demokratisch, die Kriegerdenkmäler für die Gefallenen in Mode.[99] Zum bekömmlichen Ausgleich schlug indessen die Stunde Otto von Bismarcks. Die Bismarcktürme und Feuersäulen eingerechnet, sind bis zum Ausbruch des Ersten Weltkriegs für den Reichsgründer mehr als ein halbes Tausend Denkmäler errichtet worden. Was mit ihnen gemeint war, hat ihr Lobredner Max Ehrhardt-Apolda uns überliefert:

»Oh, daß die lebendige Erinnerung an den deutschen Mann Bismarck, der uns einzigste politische Kraft zeigte in den unbegrenzten Weiten und Tiefen seines deutschen Gemütes, Kraft verleihen möge zu hoffen. Deshalb lassen wir uns auch nicht abhalten, unsere Marktplätze und unsere Höhen zu schmücken mit Bildern Otto von Bismarcks. Die Menschheit hat doch einmal Symbole nötig für ihre Ziele und für die Kraft zum Verfolg dieser Ziele ... Und so ist unsere Frage an den Gott, der Eisen wachsen ließ: Wann wirst du uns einen zweiten Bismarck schenken? Und erst, wenn wir den haben, – ja dann wird die deutsche Welt aufhören, ihrem Bismarck Denkmäler zu setzen.«[100]

Wenn man allerdings diese Denkmäler der Reihe nach mustert, dann sagen sie kaum etwas über den Staatsmann und schon gar nichts über den vielschichtigen Menschen Bismarck, umso mehr dagegen über die Hochgefühle ihrer Erbauer, in denen heimlich und unheimlich zugleich die Ängste auf der Lauer liegen, die sich nach Führung und Unterwerfung, nach einer starken Hand sehnen: Wir sehen einen finster und drohend dreinblickenden Helden, in Uniform durchweg, den Säbel zur Seite oder aufs Schwert gestützt, wie der riesenhafte »Roland« zu Bremen.

Gottlob, mag man meinen: Das ist vorüber. Wir wissen damit nichts mehr anzufangen, denn inzwischen misstrauen wir den großen Männern. Oder sie sind uns sogar peinlich, seit wir Adolf Hitler zujubelten und es mit ihm ein so schlimmes Ende nahm. Wir beherzigen, was Bertolt Brecht uns in seinem »Leben des Galilei« hinterließ: »Unglücklich das Land, das Helfen nötig hat!«

Das heißt freilich nicht, dass wir nicht auch Gedenkstätten pflegen oder Denkmäler erbauen; eher trifft das

Gegenteil zu. Nur gelten sie nicht mehr den Herrschern und Helden, sondern den Opfern, genauer den Opfern der nationalsozialistischen Gewaltherrschaft. Es gibt viele Orte, die sich zum Gedenken eignen, etwa Plätze, an denen einst Synagogen standen, die in der Pogromnacht des 9. November 1938 zerstört wurden, oder die Hinrichtungsstätte der Widerstandskämpfer des 20. Juli 1944 in Berlin-Plötzensee. Und ganz besonders bieten sich die ehemaligen Konzentrationslager an: Dachau bei München, Buchenwald bei Weimar, Sachsenhausen bei Oranienburg, etwas nördlich von Berlin, um nur diese drei zu nennen. Aber es gab ja noch viel mehr Lager, um von ihren Außenstellen nicht erst zu reden; daran herrscht wahrlich kein Mangel. Hinzu gesellt sich eine immerfort wachsende, kaum noch überschaubare Literatur.[101]

Unser Geschichtsbewusstsein verweist uns in eine auf die Verbrechen des »Dritten Reiches« zugeschnittene *Gedenkkultur*, die der Historiker Hans Günter Hockerts beschrieben hat: »Die Auseinandersetzung mit der NS-Vergangenheit bildet seit Jahrzehnten – ungeachtet der gebetsmühlenhaft vorgetragenen Verdrängungsvorwürfe (die selbst zur Sache gehören) – eines der beherrschenden Themen im deutschen politischen Diskurs; so sehr, dass unter ›Vergangenheit‹, wenn nicht eigens anders vermerkt, nahezu automatisch die NS-Vergangenheit verstanden wird.«[102] Womöglich könnte man mit Peter Reichel sogar von einer »Vergessenheitsangst«, der »kollektiven Angst vor einer Vergessensschuld« reden, die sich »an immer neuen erinnerungskulturellen Projekten abarbeitet«.[103]

Natürlich bereitet es Schwierigkeiten, das Grauen den Nachgeborenen zu vermitteln, denen es selbst bei bestem Willen kaum noch gelingt, sich davon eine Vorstellung zu machen. Die Zeit der Zeitzeugen, die man befragen oder in die Schulen schicken kann, geht unerbittlich ihrem

Ende entgegen. Eine eigene »Gedenkstättenpädagogik« hat sich darum entwickelt.[104] Für die Augenmenschen unserer Tage mögen auch Filme wie »Schindlers Liste« oder Fernsehserien hilfreich sein, die um das Geschehen im »Dritten Reich« und im Zweiten Weltkrieg kreisen. Am eindringlichsten wirken persönliche Berichte wie das Tagebuch von Victor Klemperer.[105] Oder das der Anne Frank; da gelingt es auch jungen Leuten, sich einzufühlen.

Aber kommt es darauf überhaupt an? Geht es nicht um weit mehr und im Kern darum, das gegenwärtige und das künftige Deutschland aus dem Gedanken *zu begründen* – als Ausweis dafür, dass wir hinter uns ließen, was einmal war? Kaum zufällig hat man die Debatte um eine Holocaust-Gedenkstätte in der alten und neuen Hauptstadt Berlin mit so viel Leidenschaft und Ausdauer geführt, und wenn sie am ohnehin symbolträchtigen Ort nahe beim Brandenburger Tor einmal fertig gestellt ist, wird es sich tatsächlich um die schlechthin zentrale Gedenkstätte handeln.

Kaum zufällig auch haben sich die großen moralischen Auseinandersetzungen der Nachkriegsjahrzehnte an der Last der Vergangenheit entzündet. Um nur zwei Beispiele zu nennen: Die Jugendbewegung von 1968 rechtfertigte ihren Aufruhr wider die Väter mit dem Vorwurf, dass diese in ein verstocktes Schweigen verfallen seien, wo sie hätten reden und ihre Verantwortung für das Geschehen im »Dritten Reich« eingestehen sollen. Eine gelungene – oder misslungene – Fortsetzung des Vorwurfs mit anderen Mitteln stellte die heiß umkämpfte und von Hunderttausenden besuchte Wanderausstellung über die »Verbrechen der Wehrmacht« dar.

Das zweite Beispiel bildet der Historikerstreit der achtziger Jahre. Er wurde darum geführt, ob die nationalsozialistischen Gewalttaten, besonders die »Endlösung« der

Judenfrage, einmalig und unvergleichbar oder »relativ« vergleichbar gewesen seien, weil es auch anderswo Verfolgungen und Vernichtungen von riesigem Ausmaß gegeben habe, etwa in der Sowjetunion. Wer das Letztere behauptete, sah sich dem Vorwurf ausgesetzt, dass er der Beschwichtigung oder Verharmlosung das Wort redete und, wie der Philosoph Jürgen Habermas es ausgedrückt hat, »eine Art von Schadensabwicklung«[106] betrieb.

Der Streit ist allerdings mit mehr Eifer als Einsicht geführt worden. Denn einerseits erweist sich die Tatsache als banal, dass jedes geschichtliche Ereignis einmalig und unwiederholbar bleibt. Andererseits muss die Feststellung, dass auch anderswo Schreckliches sich ereignete, keinesfalls auf die Beschwichtigung hinauslaufen. Es mag (und sollte) im Gegenteil als Warnung verstanden werden: Das Unheil kann in neuer Einkleidung zurückkehren, und es ist wichtig, sich dagegen zu wappnen. Im Übrigen gilt, was Wolfgang Sofsky geschrieben hat: »Ein Mörder, der sich damit rechtfertigt, daß es auch andere Mörder gibt, mindert nichts von seiner Verantwortung.«[107]

Der Eifer kommt kaum von ungefähr. Wenn man ihn zugespitzt oder womöglich sogar sarkastisch kennzeichnen will, dann besagt er: Um zu wissen, wer man ist und wofür man steht, um sich also das zu schaffen, was man »Identität« nennt, braucht jeder Mensch etwas, das ihn auszeichnet und von anderen unterscheidet. So auch die Völker. Und wenn wir schon nicht als Erfinder und Vorkämpfer der Bürger- und Menschenrechte hervorgetreten sind, wenn uns im 19. Jahrhundert die Bürgerrevolution gegen den Obrigkeitsstaat misslang und wir uns auf dem Weg in die demokratische Zivilisation der Freiheit und Gleichheit um ein Jahrhundert verspäteten, dann soll wenigstens das einzigartig Böse uns auszeichnen und eine Sonderstellung verleihen: das Böse, von dem wir im Gedenken Besitz ergreifen und zugleich uns befreien. Es entsteht eine eigene *Gedenkmoral*, die gegen die Vergesslichen oder sonstwie Andersdenkenden in Stellung gebracht wird und vom schlechten zum guten Gewissen verhilft.

Der Anspruch auf eine Sonderstellung lässt sich vielfältig verwenden. Als Vorredner derer, denen die Wiedervereinigung Unbehagen bereitete, hat Günter Grass sie mit einer dankenswert klaren Begründung versehen:

»Indem ich meinem Vortrag unter die lastende Überschrift ›Schreiben nach Auschwitz‹ stellte ..., will ich zum Schluß die Zäsur, den Zivilisationsbruch Auschwitz dem deutschen Verlangen nach Wiedervereinigung konfrontieren ... Ja, auch gegen ein Selbstbestimmungsrecht, das anderen Völkern ungeteilt zusteht, gegen all das spricht Auschwitz, weil eine der Voraussetzungen für das Ungeheure, neben anderen, älteren Triebkräften, ein starkes, das geeinte Deutschland gewesen ist ... Wir kommen an Auschwitz nicht vorbei. Wir sollten, so sehr es uns drängt, einen solchen Gewaltakt auch nicht versuchen, weil Auschwitz zu uns gehört, bleibendes Merkmal unserer Geschichte ist und – als Gewinn! – eine Einsicht möglich gemacht hat, die heißen könnte: jetzt endlich kennen wir uns.«[108]

Dagegen ließe sich manches und durchaus Wichtiges einwenden. Das Abgründige, das wir kennen gelernt haben und das in Auschwitz zum Begriff, zum Symbol geworden ist, bezeichnet eine Möglichkeit des Menschen, vor der wir uns fürchten und gegen die wir uns wappnen müssen. Wenn man aber diese Möglichkeit auf Deutschland und die Deutschen verengt, leistet man im Blick auf das, was vielleicht einmal anderswo geschieht, der Gleichgültigkeit Vorschub. In der vernetzten Welt, der die Zukunft gehört, könnte sich das als gefährlich, ja als verhängnisvoll erweisen.

Wider Willen beschwichtigt man sogar: Was einmal war, ist vorüber und wird sich nicht wiederholen, solange wir es im Gedenken beschwören. Eine Blindheit entsteht; man erkennt das Unheil nicht, wenn es unter neuen Fahnen und Vorzeichen auftritt, mit anderen Parolen und Mitteln als in der Vergangenheit. Oder man setzt stillschweigend und wie selbstverständlich voraus, dass es sich um etwas Neues handelt, das mit den Inhalten der eigenen Gedenkkultur nichts zu tun hat. Davon war im vorigen Kapitel die Rede.

Unter Umständen erkennt man das Verbrechen nicht einmal bei sich selbst. Der deutsche RAF-Terrorismus verschaffte sich dadurch ein gutes Gewissen, dass er sich als »antifaschistisch« verstand. Ähnlich verhält es sich mit der Gewaltbereitschaft der so genannten Autonomen. Um es biblisch zu sagen: »Was siehst du aber den Splitter in deines Bruders Auge und wirst nicht gewahr den Balken in deinem Auge? Oder wie darfst du sagen: Halt, ich will dir den Splitter aus deinem Auge ziehen? Und siehe, ein Balken ist in deinem Auge. Du Heuchler, zieh zuerst den Balken aus deinem Auge; danach sieh zu, wie du den Splitter aus deines Bruders Auge ziehst.«

Es stellt sich weiter die Frage, ob man nicht die geeinte Nation braucht, um auch die Lasten der Geschichte ungeteilt zu übernehmen. War nicht so gesehen die Teilung Deutschlands eher bequem? Die DDR hatte den Antifaschismus sozusagen in Erbpacht genommen und wälzte alles Böse der Gegenwart wie der Vergangenheit auf die Bundesrepublik ab. Da »der erste sozialistische Staat auf deutschem Boden« ohnehin das Heil, den Fortschritt verkörperte, sah er sich von jeder schwierigen Auseinandersetzung mit dem Unheil der Geschichte entbunden. In der Bundesrepublik dagegen rückte für viele, besonders jüngere Menschen, aber auch für Intellektuelle, die sich selbst als »links« einstuften, die Nation in unbestimmte Ferne; man wohnte, so schien es, einfach in einer besonderen Provinz Europas. Stammte der verbreitete Unwille, sich auf die Wiedervereinigung im Ernst einzulassen, nicht auch und sei es vorbewusst aus der Bequemlichkeit, die das Vergangene unter den preiswerten Schuldbekenntnissen und Gedenkritualen begraben sein lassen wollte?

In solch einer Bequemlichkeit war und ist Günter Grass gewiss nicht zu Hause. Und wahr bleibt, dass sich niemals mehr aus der Welt schaffen lässt, was er mit dem Zivilisationsbruch Auschwitz bezeichnet: den deutschen Versuch, die Juden auszurotten und in Osteuropa ein Sklavenreich zu errichten.[109] Wehe uns, wenn wir das jemals vergessen! Aber aus der Gedenkkultur, die sich auf diesen Zivilisationsbruch konzentriert und beinahe nichts außerdem, folgt eine beispiellose *Moralisierung der Geschichte*, und die stellt sich höchst problematisch dar.

Auf den ersten Blick allerdings bringt die Moralisierung manche Vorteile. Sie orientiert; in einer Welt voller Ungewissheiten schafft sie uns das Gefühl, mit Wegemarken versehen und durch Leitplanken gesichert zu sein. Man hat vom Baum der Erkenntnis gegessen und weiß, was gut und böse ist. Und nicht wenige dürften es schätzen, dass das Moralisieren die Möglichkeit eröffnet, sich »durch endgültig feste Gedanken vom weiteren Denken zu befreien«[110]. Im vorliegenden Fall vereinfacht und verkürzt sich alles Geschehen auf den Zielpunkt des Unheils. Was vorher war, kommt kaum noch in den Blick, es sei denn als ein Vorspiel, in dem stets schon das Abgründige angelegt ist. Damit wird zugleich der Abschied von der Geschichte erleichtert, der ohnehin im Gange ist. Im Übrigen befinden wir uns auf ihrer sonnigen Seite, wenn wir uns als Abkömmlinge der Täter auf eine Gedenkkultur für die

Opfer einrichten. Wir begründen unsere Identität als die redlichen Menschen, die mit den Verbrechen der Vorväter nichts mehr zu tun haben. Die Verheißung tritt hinzu: »Also wird auch Freude im Himmel sein über einen Sünder, der Buße tut, mehr als über neunundneunzig Gerechte«, sagt die Bibel.

Wenn uns das dann noch von anderen bescheinigt wird: umso besser. Um den Sachverhalt an einem Beispiel anschaulich zu machen: Im Jahre 1996 erschien das Buch von Daniel Jonah Goldhagen, »Hitlers willige Vollstrecker. Ganz normale Deutsche und der Holocaust«. Im Rückblick unterstellte es den Deutschen einen tief sitzenden, über die Jahrhunderte aufgestauten und stets schon mörderischen Antisemitismus, der bloß noch der Entfesselung bedurfte, um zur Massenvernichtung zu führen. Zugleich aber bescheinigte der Autor den Deutschen, dass sie sich seit 1945 geändert und dem Judenhass abgeschworen hätten.

Die Fachleute schüttelten den Kopf: Dafür, dass sich in der Vergangenheit der deutsche Antisemitismus von dem in anderen Ländern wesentlich unterschied, gab es keine Belege, und Goldhagen versuchte auch gar nicht erst, sie beizubringen. Im Grunde handelte es sich um eine von Auschwitz her rückwärts gewandte Prophezeiung.[111] Andererseits ließe sich das Verhalten der bei der »Endlösung« mitwirkenden Polizeieinheiten, das zur Begründung der These diente, aus der eingeübten Mechanik von Befehl und Gehorsam weitaus besser erklären als aus vorgegebenen Mordgelüsten. Doch Goldhagens Buch erregte Aufsehen und entwickelte sich fast über Nacht zu einem Bestseller. Denn es entsprach exakt der moralisierten Geschichte und bestätigte ihre Weltsicht.

Indessen zeigt das Beispiel bereits, dass es auch Nachteile gibt, und sie überwiegen bei weitem. Die Geschichte gerinnt zum vorgefertigten Schema, und die rückwärts gewandte Prophezeiung erfindet zu ihrem Zweck, was es in Wahrheit überhaupt nicht gegeben hat – übrigens ein geläufiger Vorgang.[112] Dabei wird jedes noch halbwegs unbefangene Erzählen unmöglich, weil das Vergangene seine Bedeutung für sich, seinen Eigenwert verliert.[113] Die Vielfalt und Vieldeutigkeit der Vorgänge und Gestalten verkommt zur Einfalt der Schwarzweißmalerei. Das Moralisieren sortiert die Kinder des Lichts und die Kinder der Finsternis; wie die Utopie schafft es sich sozusagen automatisch seine Freund-Feind-Verhältnisse. Denn das Profil des Guten wird allemal erst am Bösen kenntlich.

Letztlich muss man wohl von einem nachgeborenen Gegenstück der Utopie, wenn nicht gar von einem Utopieersatz sprechen, nur mit der Umpolung von der Zukunft zur Vergangenheit und von der Heilshoffnung auf die Unheilsgewissheit. Auschwitz wird zum unwirklichen Ort Nirgendwo, an dem sich statt des Traums der Alptraum schreckensvoll verwirklicht. Und je offensichtlicher die positive Utopie verloren ist, desto dringender klammert man sich an diesen Ersatz im Negativen.[114]

Das Moralisieren fordert Konsequenz. Einmal eingeübt, will es sich überall geltend machen. Von der Geschichte her greift es darum auf andere Bereiche über, besonders auf die Politik. Statt »Situationen zu behandeln, wie sie entstehen, eine nach der anderen«, tritt das Unbedingte an die Stelle des Bedingten; die Tugend des Kompromisses gerät in Verruf. Interessenkonflikte können nicht mehr nüchtern ausgetragen werden, sondern müssen sich hinter »Gemeinwohl«-Phrasen verstecken. Eben damit wird es schwierig, sie zu lösen. Manchmal ist Harmoniesucht, eine ausgeprägte Konfliktscheu das Ergebnis. Und statt auf die Spielregeln zu achten, hantiert man mit »Anliegen«, die angeblich den Vorrang haben.

Was das im Umgang mit der Verfassung bedeutet, hat Robert Leicht anschaulich beschrieben: »Jedermann als Reaktionär oder als linkssozialistischen Kollektivisten zu bezichtigen, ist zwar an sich schon ein schönes Verdammungsurteil; doch zündend hört es sich erst an, wenn der Betroffene außerdem nicht mehr auf dem ›Boden des Grundgesetzes‹ steht, also nicht nur politisch, sondern zudem ›rechtskräftig‹ verurteilt ist. Die Gegenreaktion liegt auf der Hand: Weil es politisch nicht gerade förderlich ist, derart gebrandmarkt zu werden, schwört nun wieder jeder Stein und Bein aufs Grundgesetz, alle auf denselben Artikel, so daß außer großem verbalen Aufwand nicht mehr gewonnen ist als eine heillose Verdeckung des eigentlichen politischen Konflikts.«

Aber »je mehr die politischen Kräfte dazu neigen, nur solche Interessen für achtbar zu halten, die sich direkt auf einen Verfassungsauftrag berufen können, desto stärker leisten sie dem fatalen Vorurteil Vorschub, wonach politische Interessen für sich genommen nicht nur nicht besonders anerkennenswert sind, sondern geradezu verwerflich. Diese Denunziation des Politischen muß ein parlamentarisches System auf das empfindlichste treffen, abgesehen von dem hohen Maß an Realitätsverlust, das sie bei seinen Bürgern auslösen kann.«[115]

Eine Abart des Moralisierens besteht darin, dass man mit unbestimmten, aber sinndeutend aufgeladenen Begriffen hantiert, etwa mit der »sozialen Gerechtigkeit«. Was damit konkret gemeint ist, bleibt zwar unklar. Etwa die Steuergesetzgebung samt ihren Abschreibungsmöglichkeiten? Die Subventionierung des Steinkohlebergbaus? Das Nein zu Studiengebühren? Die Verhinderung des Wettbewerbs zwischen den Bundesländern oder im Bildungswesen? Deutlich ist aber, dass es sich um eine Waffe handelt, eine Keule, die den Andersdenkenden zerschmettern soll: Er ist ein Anwalt der Ungerechtigkeit. Die praktische Wirkung dieses Keulenschwungs besteht vor allem darin, dass es Reformen verhindert, die ans Bestehende, an »Besitzstände« rühren.

Wer moralisiert, neigt zur Hysterie. Denn alles, was geschieht, stellt sich ihm in absoluten Kategorien dar, als Entweder-Oder, Licht und Finsternis, wenn nicht gar als die Alternative von Überleben und Weltuntergang. Die Liste der einschlägigen Stichworte ist lang und lässt sich beinahe beliebig verlängern: der Radikalenerlass, der Kampf gegen den Atomtod, das Waldsterben, die Transporte von atomarem Abfall ins Zwischenlager von Gorleben, der Rinderwahnsinn und die Maul- und Klauenseuche, auf dem Fuße gefolgt von der embryonalen Stammzellenforschung oder der Globalisierung … Charakteristisch ist nicht zuletzt, dass dem Anlass und Inhalt nach eine Hysterie in der Regel wie aus dem Nichts auftaucht, sich entzündet und ebenso unvermittelt wieder verschwindet, wenn ihr Erregungswert aufgebraucht ist.

Uns mag diese Neigung zur Hysterie kaum noch auffallen, weil wir an sie gewöhnt sind; man braucht einigen Abstand, um zu erkennen, wie seltsam sie sich ausnimmt. Ein Kenner und Freund der Deutschen, der langjährige italienische Botschafter in Bonn Luigi Vittorio Ferraris, hat gesagt:

»Man könnte fast meinen, die Deutschen hätten eine unwiderstehliche Neigung, das Einfachste nicht nur kompliziert zu machen, sondern auch in jedem Geschehen eine Ursache oder beinahe einen moralischen Zwang (einen kategorischen Imperativ!) zur Hysterie zu sehen.« Zum Vergleich: »Italien ist, im guten wie im schlechten Sinne des Wortes und des Inhaltes, eine große und bunte Theaterbühne, auf der sich die vielen Tragödien in sarkastische oder humorvolle Komödien verwandeln … In Deutschland dagegen radikalisiert sich jedes Geschehen sofort bis zum Drama oder sogar bis zum Psychodrama, wo sich die Hysterie zu Hause fühlt.« Das Allerwichtigste, das wir lernen sollten, sei darum: »Gelassenheit statt Hysterie.«[116]

Noch etwas sollte bedacht werden. Es erscheint zwar als folgerichtig, wenn Grass seinen Protest gegen die Wiedervereinigung im »Zivilisationsbruch Auschwitz« verankerte: Der deutsche Nationalismus und die Macht des Nationalstaates bildeten ja wirklich eine Hauptquelle des Unheils. Aber wird mit der pauschalen Verurteilung nicht zugleich – ohne Not – die Nation selbst denen preisgegeben, vor denen man sich dann und mit Recht fürchtet?

Grass stand durchaus nicht allein. Er sprach für viele Intellektuelle, für beinahe alle, die sich »links« einordnen, und für die große Mehrheit der Schriftsteller. Ausnahmen, eher kritisch betrachtet, bestätigen diese Regel.[117] »Auf die Schriftsteller kann sich ein neuer Nationalismus nicht stützen«, beschrieb das Vorwort zu einem Sammelband, der 1990 erschien, den Sachverhalt. »Das Wort Deutschland kommt schwer über meine Lippen, es verursacht ein pelziges Gefühl im Mund«, hieß es da in einem Beitrag. Oder in einem anderen: »Die Bezeichnung erweist sich als eine Art von Gefäß, das mit Widersprüchlichkeiten, alten wie neuen, vollgestopft ist. Untrennbar vermengt Heinrich Heine und Heinrich Himmler, Weimar und Buchenwald, grandiose Meisterwerke der Kunst und zugleich der Tod als Meister aus Deutschland. Reich an Künstlern, reicher an Verdrängungskünstlern.« Womöglich am genauesten traf das Eingeständnis, zum Titel eines Beitrags erkoren: »Ich war nicht darauf vorbereitet, ein Deutscher zu sein.«[118]

Doch was eigentlich sonst? Europa mag als ein ehrenwertes Ziel erscheinen, doch rings um uns her besteht es aus Nationen, die nicht davon lassen wollen, es zu sein. In der Gegenrichtung war Deutschlands Reichtum gewiss immer schon die Vielfalt und ist es bis heute geblieben. Man versteht sich mit Behagen als Hanseate oder Hesse, Sachse oder Rheinländer, fühlt sich in Holstein, in Bayern, in Württemberg oder Baden zu Hause. Aber was bedeutet das politisch? Entkommt man damit der Nation? Wie wird man denn angesprochen, wenn man ins Ausland, nach Polen einschließlich Auschwitz, nach Israel reist? Wie wirkt es da, wenn man sich nicht als Deutscher zu erkennen geben will und es gleichwohl durchscheint?

Der Altmeister unter den Historikern, Leopold von Ranke, hat einmal gesagt: »Nicht dort ist unser Vaterland, wo es uns endlich einmal wohl ergeht. Unser Vaterland ist vielmehr mit uns, in uns. Deutschland lebt in uns; wir stellen es dar, mögen wir wollen oder nicht, in jedem Lande, dahin wir uns verfügen, unter jeder Zone. Dieses geheime Etwas, das den Geringsten erfüllt wie den Vornehmsten – diese geistige Luft, die wir aus- und einatmen –, geht aller Verfassung vorher, belebt und erfüllt alle ihre Formen.«[119] Das mag altmodisch klingen; es wurde ja auch vor mehr als anderthalb Jahrhunderten geschrieben. Aber ist es darum schon falsch? Galt es nicht auch und gerade für die Menschen und vorab für die Schriftsteller, die nach 1933 gezwungen wurden, die Heimat zu verlassen, um ihre Freiheit, ihr Leben zu retten? Verkörperten sie im Exil nicht das andere, das bessere Deutschland? Was fangen wir mit ihrem Vermächtnis an?

Nach den Bücherverbrennungen vom 10. Mai 1933 hat Oskar Maria Graf den neuen Machthabern entgegengeschleudert:

»Das Dritte Reich hat fast das ganze deutsche Schrifttum von Bedeutung ausgestoßen, hat sich losgesagt von der wirklichen deutschen Dichtung, hat die größte Zahl ihrer wesentlichen Schriftsteller ins Exil gejagt und das Erscheinen ihrer Werke in Deutschland unmöglich gemacht. Die Ahnungslosigkeit einiger wichtigtuerischer Konjunkturschreiber und der hemmungslose Vandalismus der augenblicklich herrschenden Machthaber versuchen all das, was von unserer Dichtung und Kunst Weltgeltung hat, auszurotten und den Begriff ›deutsch‹ durch engstirnigen Nationalismus zu ersetzen …

Und die Vertreter dieses barbarischen Nationalismus, der mit Deutschsein nichts, aber auch gar nichts zu tun hat, unterstehen sich, mich als einen ihrer ›Geistigen‹ zu beanspruchen, mich auf ihre sogenannte weiße Liste zu setzen, die vor dem Weltgewissen nur eine schwarze Liste sein kann! Diese Unehre habe ich nicht verdient!

Nach meinem ganzen Leben und nach meinem ganzen Schreiben habe ich das Recht, zu verlangen, daß meine Bücher der reinen Flamme des Scheiterhaufens überantwortet werden und nicht in die blutigen Hände und die verdorbenen Gehirne der braunen Mordbanden gelangen!

Verbrennt die Werke deutschen Geistes! Er selber wird unauslöschlich sein, wie eure Schmach!«[120]

In einem Satz: Man darf die Nation nicht den Banditen überlassen. Und falls man im Übrigen über Auschwitz hinaus in die etwas ältere Geschichte zurückschaut, stellt man fest, dass das Nationalbewusstsein ursprünglich ins »linke« Lager gehörte und mit der Revolution verschwistert war; nicht von ungefähr trat es seit 1789 von Frankreich aus seinen europäischen Siegeszug an. Das galt auch für die deutsche Bürgerbewegung, die Freiheit und Einheit verbinden wollte und in die Revolution von 1848 mündete. Noch im Jahre 1850 stellte Konstantin Frantz lapidar fest: »Das Nationalitätsprinzip ist das Revolutionsprinzip.«[121] Aber den konservativen Mächten des

Zeitalters, bis 1848 vom Fürstkanzler Metternich geleitet, hätte man das nicht erst sagen müssen, und solange sie konnten, reagierten sie entsprechend: mit Zensur und Unterdrückung.

Erst Bismarck vollzog die entscheidende und für die Zukunft schicksalsbestimmende Wendung. Im Geniestreich des »weißen« Revolutionärs vollzog er die Reichsgründung »von oben«, mit »Blut und Eisen«, das heißt mit den Mitteln, der Leistungstüchtigkeit und militärischen Schlagkraft des alten Obrigkeitsstaates, der damit eine nachhaltige Wiederaufwertung erfuhr. Sozusagen als ein Dieb von historischem Format bestahl er die Linke um ihre Nationalidee und trug sie ins rechte Lager hinüber. »Die Einigung Deutschlands war eine konservative Tat«, hat er selbst im Rückblick gesagt.[122] Das erwies sich als wahr, und Bismarck zögerte nicht, das Diebesgut entsprechend gegen linke Kräfte und demokratische Bewegungen einzusetzen; von den »Reichsfeinden« oder den »vaterlandslosen Gesellen« war dann die Rede. Nur zu erfolgreich begründete der deutsche Titan so die verhängnisvolle Tradition des Verfemens und Verfolgens linker Kräfte und demokratischer Bewegungen von rechts her als ein Kennzeichen des deutschen Nationalismus.

Aber müssen wir denn, mit Verlaub, noch immer auf Bismarck hereinfallen, indem wir ihm mit der gegenläufigen, antinationalen Moralisierung der Geschichte ungewollt Vorschub leisten, um uns dann zu wundern, wenn junge Rechtsradikale mit der – zugegeben dekorativen – kaiserlichen Reichskriegsflagge durch die Straße ziehen? Ist der zweite deutsche Nationalstaat nicht ganz anders begründet worden als das Bismarckreich, in einer friedlichen Revolution statt im Schlachtendonner, »von unten« durch die Zivilcourage einer Bürgerbewegung, die den letzten Obrigkeitsstaat auf deutschem Boden zum

Einsturz brachte? Könnten wir darauf nicht selbstbewusst aufbauen? Und wäre es nicht die Aufgabe der Schriftsteller, davon zu erzählen?

Symbole sind allerdings wichtig, und man müsste sie beachten, zum Beispiel bei der Wahl des Nationalfeiertags. Die packende Stunde der Bürgerbewegung, in der sie ans Ziel (und fast schon ans Ende) kam, schlug aber am Abend des 9. November 1989, als in Berlin die Mauer fiel – und nicht am 3. Oktober 1990. Denn dieses Datum wurde längst wieder durch das Handeln »von oben« statt durch eine Bewegung »von unten« bestimmt. Doch offenbar muss es hierzulande ordentlich zugehen. Der französische Nationalfeiertag erinnert dagegen an die Erstürmung der Bastille: ein anarchisches und übrigens auch blutiges Ereignis.

Um zur deutschen Gedenkkultur zurückzukehren: Solange es bei dem geschilderten Sachverhalt bleibt, gerät man beim Kampf gegen den Rechtsradikalismus immer wieder in Schieflagen. Die Linke hat ihm außer dem Moralismus ihrer Empörung überhaupt nichts entgegenzusetzen, und konservative Demokraten verlieren sich in zweifelhaften Aktionen, etwa wenn sie die Parole ausgeben: »Ich bin stolz darauf, ein Deutscher zu sein.«

Wie das? Gerade Konservative sollten eigentlich wissen, dass es einen klassischen Tugendkanon gibt, der bis in die Antike zurückreicht. Schon bei Platon findet man das Quartett der Kardinaltugenden: die Weisheit, die Tapferkeit, das Maßhalten und die Gerechtigkeit. Dieser Kanon hat sich mit einigen Abwandlungen über mehr als zwei Jahrtausende erhalten. Auch im Mittelalter hat der Lehrer der Kirche, Thomas von Aquin, ihn übernommen und nur die theologischen oder göttlichen Tugenden Glaube, Hoffnung, Liebe noch hinzugefügt. Doch wie immer die Abwandlungen oder Ergänzungen aussehen mochten:

Der Stolz hat in den abendländischen Tugendkatalogen nie einen Platz gefunden, denn nur zu leicht und zu nahe gerät er an den Hochmut und die Eitelkeit heran.

Stolz kann man allenfalls auf das sein, was man selbst geleistet und erreicht hat. Darum hat der aus Ghana stammende, schwarzhäutige Fußballspieler Gerald Asamoah, als er eingedeutscht worden war und in die Nationalmannschaft berufen wurde, auf die dümmliche Reporterfrage, ob er nun stolz darauf sei, ein Deutscher zu sein, schlagfertig und angemessen geantwortet: Er sei stolz darauf, für Deutschland *zu spielen*. Und Angela Merkel entging den von Parteifreunden gespannten Fallstricken zumindest halbwegs, als sie sagte: Sie sei stolz darauf, in diesem Lande *zu leben*. Aber was soll die Nation mit dem Stolz ausrichten, wenn sie (oder jemand in ihrem Namen) in die Geschichte zurückblickt? Wohin dann nach Bach, Beethoven und Brahms, nach Lessing und Goethe, Hölderlin und Heine, Kant und Hegel mit Adolf Hitler und Heinrich Himmler? Wohin mit Auschwitz? Offenbar mit dem gleichen Recht oder vielmehr Unrecht könnte man sagen: »Ich schäme mich dafür, ein Deutscher zu sein.«

Nein: Die Nation ist eine *Verantwortungsgemeinschaft*. Zur Verantwortung gehört, dass man sich erinnert. Aber ihre Bewährung wird für die Gegenwart eingefordert und richtet zugleich sich zur Zukunft.

Alles Moralisieren ist seinem Wesen nach unhistorisch, weil es den Anspruch erhebt, absolut und überzeitlich gültig zu sein. Darum verstärkt eine Fixierung auf den »Zivilisationsbruch« die schon früher geschilderte Tendenz, sich vom Überlieferten abzuwenden und Traditionsbestände aufzulösen. Alles, was vorher war, wird unkenntlich, es sei denn als bloße Vorgeschichte. Das mag als vorteilhaft erscheinen, wenn man sich der Zukunft zuwendet und ihre Herausforderungen bestehen will. Ohne Traditionsgepäck marschiert es sich leichter, und vielleicht ist das sogar ein geheimer, den Beteiligten kaum bewusster Hintersinn, der durch die Moralisierung gekappten Geschichte.

Übrigens lassen sich für diese Traditionslosigkeit schon frühe Beispiele, um nicht zu sagen Vorbilder finden. Das preußische Königtum, am 18. Januar 1701 durch die Selbstkrönung des brandenburgischen Kurfürsten erschaffen, war vollkommen neu, ohne jedes Wurzelwerk im Überlieferten, und der Staat ein Kunstgebilde, weder als Stammesland begründet, wie etwa Sachsen, noch auf die Nation hin angelegt. Aus Rückständigkeit und Zerrissenheit arbeitete Preußen sich zur europäischen Großmacht empor durch die pure Willensleistung, vorab seiner großen Könige, Friedrich Wilhelms I. und Friedrichs des Großen. Die Traditionslosigkeit half zur Schlagkraft der Armee und bei der Entwicklung der Staatsverwaltung wie bei der Ansiedlungspolitik und Wirtschaftsförderung. Es entstand der bis zur Französischen Revolution modernste Staat Europas, der wiederum durch seine Willensanspannung sich im Siebenjährigen Krieg gegen eine Welt von Feinden behauptete. Diese Willensanspannung hat Jacob Burckhardt bezeichnet, wenn er in seinen »Weltgeschichtlichen Betrachtungen« sagte:

»Schicksale von Völkern und Staaten, Richtungen von ganzen Zivilisationen mögen daran hangen, daß ein außerordentlicher Mensch gewisse Seelenspannungen und Anstrengungen ersten Ranges in gewissen Zeiten aushalten könne. Alle seitherige mitteleuropäische Geschichte ist davon bedingt, daß Friedrich der Große dies von 1759 bis 1763 in supremem Grade konnte.«[123]

Ähnlich wie mit Preußen im 18. war es mit Deutschland im 19. Jahrhundert. Mit Bedacht vollzog man die Kaiserproklamation von Versailles vom 18. Januar 1871 am Jahrestag der preußischen Königskrönung von 1704 – und eher unfreiwillig als mit tiefer Berechtigung. Denn das neudeutsche Kaisertum war so traditionslos wie 170 Jahre zuvor das preußische Königtum, trotz aller Versuche, es mit romantischen Erinnerungen an die mittelalterliche Kaiserherrlichkeit auszuschmücken.[124] Nach der Reichsverfassung vom 16. April 1871 übernahm der Kaiser ohnehin nur ein schnödes »Präsidium«; mit den sakralen Vorstellungen und Weihen des Mittelalters hatte das so wenig zu tun wie der neuzeitliche Nationalstaat mit dem vor- und übernationalen Heiligen Römischen Reich.

Aber die Traditionslosigkeit bewirkte wiederum einen Modernitätsschub. Das von Bismarck gegründete Reich entwickelte eine unerhörte Dynamik und setzte sich mit seinen Industrien wie mit seinem Bildungswesen und seinen Forschungsleistungen, aber auch als Sozialstaat an die Spitze des Fortschritts. Über eine vorbildliche Verwaltung und die schlagkräftigste Armee der Welt verfügte es ohnehin. Allerdings verführte der Sachverhalt auch zu einer Selbstüberschätzung, nach dem Motto: »Uns kann keiner!« – sofern wir nur, nach dem Vorbild Friedrichs des Großen, unseren Willen gehörig anspannen. Die Macht der Verhältnisse, die in Menschen-, Raum-, Rüstungs- und Rohstoffreserven angelegt ist, wurde im Zeitalter der Weltkriege ebenso sträflich und am Ende bis zum Wahn unterschätzt wie die Tatsache, dass auch andere Völker und sogar Demokratien zu großen Willensleistungen fähig sind, wenn man sie auf Leben und Tod herausfordert.

Offensichtlich gibt es neben den Vorteilen auch Nachteile einer traditionslosen Modernität, und man kann sie am Vergleich anschaulich machen. In den anderen, älteren Nationen, die zur westlichen Zivilisation gehören, findet man durchweg nicht nur Erinnerungen, sondern Bindekräfte, die auf die Ursprünge, das Gründungsgeschehen zurückverweisen. Man denke an den Freiheitskampf der Niederlande gegen Habsburg-Spanien, die Tell- und Rütli-Saga der Eidgenossen, die »glorreiche« Revolution in England und die große in Frankreich, die Unabhängigkeitserklärung und den Unabhängigkeitskrieg der Vereinigten Staaten. Dabei tritt als Inhalt des Nationalbewusstseins durchweg ein politischer Humanismus auf den Plan, der den nationalen Rahmen mit menschheitlichem Anspruch sprengt. Toleranz und Gewissensfreiheit, parlamentarisch begründete Selbstbestimmung, Freiheit, Gleichheit und Brüderlichkeit, Vernunft und Fortschritt oder wie immer die Stichworte lauten mögen: Stets handelt es sich um Prinzipien, die den Anspruch erheben, nicht nur hier und heute, sondern absolut und universal gültig zu sein. Die jeweilige Nation hat sie nur zuerst entdeckt und durchgesetzt, um sie seither in der Welt gewissermaßen als ihr Erbstatthalter zu vertreten. Es ergibt sich, mit anderen Worten, ein Bild der guten und gerechten *Gesellschaft schlechthin*, die in dieser einen, auserwählten Nation ihren geschichtlichen Ort, ihre im dramatischen Gründungsakt angelegte und als Tradition bewahrte Verwirklichung gefunden hat. Und eben aus dem Bewusstsein, das Gute und Gerechte, das Allgemeingültige zu vertreten, erwächst das Selbstbewusstsein der Nation.

Das Beispiel der Vereinigten Staaten mag zur Anschauung dienen. »Das amerikanische Nationalbewusstsein«, hat Hans Kohn geschrieben, »beruht auf dem Bewusstsein der Verschiedenartigkeit von anderen Nationen – verschieden aber *nicht* darin, daß diese Nation eine einmalige und einzigartige Erscheinung darstellt, sondern dadurch, daß sie als erstes Volk den *allgemeinen* Zug der menschheitlichen Entwicklung zu einer besseren vernunftsgemäßen Ordnung, zu größerer individueller Freiheit und zu grundsätzlicher Gleichberechtigung mit größtmöglicher Annäherung an die Vollkommenheit verwirklicht hat.«[125]

Aus dem Bewusstsein einer Vorbildlichkeit der eigenen Ordnung erwächst zugleich die Berufung zu einer menschheitlichen Mission. Ihr hat Thomas Jefferson Ausdruck gegeben, wenn er sagte: »Wir fühlen, daß uns Verpflichtungen auferlegt sind, die über den Bereich unserer eigenen Gesellschaft hinausführen. Es ist unmöglich, dass wir nicht empfinden, dass wir für die gesamte Menschheit handeln, dass wir durch Umstände, die anderen versagt, uns aber gewährt wurden, die Pflicht auferlegt bekommen haben, in der Praxis zu versuchen, welchen Grad von Freiheit und Selbstverwaltung eine Gesellschaft ihren individuellen Mitgliedern anvertrauen darf.« Und Jefferson wird nicht müde, es zu wiederholen: »Wir leben und werden als gültiger Beweis dafür betrachtet, daß eine Regierungsform, die dauernd auf dem Gemeinwillen ihrer Mitglieder beruht, praktisch durchführbar ist ... Deshalb haben wir als Mitglieder der Menschheitsgesellschaft, der wir hoch und verantwortlich verpflichtet sind, die heilige Aufgabe, den Glauben, welchen wir der Menschheit eingeflößt haben, nämlich daß ein Vernunftregiment besser ist als eine Gewaltherrschaft, nicht wieder zu zerstören.«[126]

Natürlich stellen sich die Auswirkungen höchst zweischneidig dar; nur zu leicht kommt ein selbstgerechtes Moralisieren ins Spiel. Es entsteht das Schwanken zwischen einem Isolationismus, der das glücklich Erreichte vor den verderblichen Einflüssen der Umwelt bewahren will – und einem Missionseifer, der »Reiche des Bösen« entdeckt und sie wenn möglich zerstört. Aber nicht davon soll hier die Rede sein, sondern von den Traditionsmächten, die auf das Gründungsgeschehen zurückverweisen.

Ihre positive Bedeutung wird vor allem in Zeiten der Krise sichtbar. Hierzu seien wiederum zwei Beispiele angeführt.

Kaum ein Niederländer weiß noch, wer eigentlich die Männer waren, die nach dem deutschen Überfall im Mai 1940 die Exilregierung in London bildeten. Das ist verständlich genug, weil eine Regierung, der kaum noch etwas zum Regieren bleibt, nicht sehr eindrucksvoll wirkt. Aber jeder erinnert sich an die Rundfunkansprachen der Königin oder hat von ihnen gehört. Denn die Königin verkörperte das Haus Oranien – und das Haus Oranien den Freiheitskampf der Niederlande gegen eine dem Anschein nach weit überlegene Militärmacht. Und so wurde eine schlichte Frau mit dem Namen Wilhelmina zum Symbol der Hoffnung auf die Wiederkehr der Freiheit.

Die zweite Geschichte handelt vom Rütli, der eigentlich unscheinbaren Waldwiese im Kanton Uri, aber ein Heiligtum der Schweiz, weil das Rütli als Gründungsort der Eidgenossenschaft gilt. Als nach dem deutschen Sieg über Frankreich das Schicksal der Schweiz auf des Messers Schneide zu stehen schien, versammelte der eidgenössische Oberbefehlshaber, General Henri Guisan, am 25. Juli 1940 seine Truppenkommandanten auf dem Rütli, um hier mit ihnen die feierliche Verpflichtung einzugehen, im Falle des deutschen Einmarsches nicht zu kapitulieren, sondern unter Preisgabe des Vorlandes die Alpenfestung bedingungslos zu verteidigen. Der Vorgang ist als »Rütli-Rapport« in die eidgenössische Geschichte eingegangen: Dank der Wahl des Ortes handelte es sich wieder um einen Vorgang von hoher Symbolkraft. Keinem Offizier, Soldaten oder Zivilisten musste danach noch eigens gesagt werden, was gemeint war.

Der Vergleich drängt sich auf: Wo wohl sollten bei einer entsprechenden Lage deutsche Generale sich versammeln? Vor Jahren, als es wieder einmal um die Frage nach den Traditionsgrundlagen der Bundeswehr ging, habe ich das einmal junge Offiziere gefragt. Jemand sagte: »Im Teutoburger Wald.« Aber von Hermann dem Cherusker führt kein gerader Weg zum modernen Gemeinwesen. Ein anderer schlug vor: »Am Sarge Friedrichs des Großen.« Doch von der Tatsache abgesehen, dass dann niemand zu sagen wusste, wo der sich befand (nämlich damals auf der Hohenzollernburg im württembergischen Hechingen): Wie wohl sollten Bayern und Rheinländer, Hanseaten oder Hannoveraner – oder die inzwischen wieder hinzugetretenen Sachsen – sich am Sarge eines Preußenkönigs motiviert fühlen? Preußen war eben kein deutscher Nationalstaat und lässt sich auch nachträglich nicht dazu stilisieren.

Es versteht sich, dass man Traditionsbestände, die man nicht hat, weder künstlich herstellen noch abgestorbene wiederbeleben kann; sonst gerät man nur auf Irrwege und ins Lächerliche, wie das Kaiserreich am Kyffhäuser. Zu unserer neueren Geschichte gehören nun einmal die Traditionsabbrüche. Zu ihnen hat Preußen ebenso beigetragen wie Bismarcks »Revolution von oben«. Sie verdrängte 1866 Österreich aus den deutschen Angelegenheiten und schuf 1871 das neudeutsche Kaisertum. Wilhelm I. war durchaus im Recht, als er am Vorabend der Kaiserproklamation seinem Kanzler unter Tränen erklärte: »Morgen ist der unglücklichste Tag meines Lebens. Da tragen wir das preußische Königtum zu Grabe.«[127] Das erwies sich als wahr; Preußen verschwand im Schatten seiner eigenen Staatsgründung, und Wilhelm II. war im Bewusstsein der Zeitgenossen kurzweg »der Kaiser« und kaum noch der König von Preußen. Doch erst im Ablauf des 20. Jahrhunderts! Da folgten einander vier politische Regime – und im Osten sogar fünf. Und jedes war seines Vorgängers Feind und versuchte, mit dem aufzuräumen, was er vorfand.

Sieht man es so, dann wird unsere moralisierende Gedenkkultur als eine Kompensation verständlich. Sie ersetzt die älteren Überlieferungen, die Traditionsbestände, die es nicht gibt. Wohl oder übel müssen wir mit dem auskommen, was wir haben, und sei es im Negativen. Dazu gehört alles, was im engeren oder weiteren Sinne des Begriffs mit Auschwitz zu tun hat, also das Erbe der Gewaltherrschaft und die Verpflichtung zum Widerstand gegen sie, noch bevor sie sich einrichtet und befestigt. Dafür bieten sich die Gedenkstätten als Orte unserer Rütli-Schwüre an, zum Beispiel für militärische Gelöbnisse im Hof des ehemaligen Bendlerblocks zu Berlin, wo in der Nacht vom 20. zum 21. Juli 1944 nach dem Scheitern ihres Staatsstreichs Stauffenberg und seine Mitverschworenen erschossen wurden. Auf der zivilen Seite bieten sich Konzentrationslager wie Dachau, Buchenwald und Sachsenhausen an, und die Pflege der Gedenkstätten ist alles andere als überflüssig.

Aber kann ein Gemeinwesen allein vom Negativen leben, von einem rückwärts gerichteten Feindverhältnis? Was erbringt das für unsere Alltagsorientierung? Macht die moralisierende Gedenkkultur sich nicht geradezu von ihrem Gegner abhängig? Pointiert ausgedrückt: Wenn es den Rechtsradikalismus und seinen Fremdenhass nicht gäbe, müsste dieses Moralisieren ihn erfinden. Denn was bliebe für die Gedächtniskultur noch als politische Aktualität, wenn der Feind sich ins Bedeutungslose verlöre?

Dieses Kapitel versuchte zu zeigen, wie das Moralisieren die Geschichte verkürzt und über seinen Zielpunkt hinaus ins Wesenslose verschwinden lässt, was einmal war. Außerdem gehört es sozusagen zur Dialektik jeder Gedenkkultur, dass sie »entsorgt«, worauf sie sich bezieht. Eine Art von urtümlicher Magie kommt da ins Spiel, historisch an vielen Gesellschaften und ihren religiösen Ritualen zu beobachten: Der Totenkult hat zum Ziel, dass die Dämonen, die Geister der Verstorbenen uns nicht mehr heimsuchen.

Doch selbst wenn wir vor alledem absehen, stoßen wir immerfort auf die Felsenklippen der Abbrüche, die den deutschen Weg durch die Jahrhunderte bezeichnen. Es gibt keine Überlieferungen mehr, auf die wir uns stützen können, um unsere »Identität« zu begründen. Und nichts, es sei denn die Selbsttäuschung, hilft darüber hinweg. Die folgenden Fragen sollten darum so nüchtern wie möglich gestellt und beantwortet werden:

Was eigentlich bleibt uns in der Zukunft von der Geschichte? Wäre es nicht redlich, sie zu verabschieden? Oder brauchen wir sie? Und wozu?

Auf dem Weg in die Zukunft

Am 24. Februar 1892 hielt Seine Majestät der deutsche Kaiser und König von Preußen, Wilhelm II., beim Festmahl des Brandenburgischen Provinziallandtages eine denkwürdige Rede, gegen deren Ende er sagte:

»Das feste Bewußtsein Ihrer Meine Arbeit treu begleitenden Sympathie flößt Mir stets neue Kraft ein, bei der Arbeit zu beharren und auf dem Weg vorwärts zu schreiten, der Mir vom Himmel gewiesen ist. Dazu kommt das Gefühl der Verantwortung unserm obersten Herrn dort droben gegenüber und Meine felsenfeste Überzeugung, daß unser Alliierter von Roßbach und Dennewitz Mich dabei nicht im Stich lassen wird. Er hat sich solch unendliche Mühe mit unserer alten Mark und Unserem Hause gegeben, daß wir nicht annehmen können, daß er dies für nichts getan hat. Nein, im Gegenteil, Brandenburger, zu Großem sind wir noch bestimmt, und herrlichen Tagen führe Ich euch noch entgegen.«[128]

Diese »herrlichen Tage« sind sprichwörtlich geworden. Schon die Zeitgenossen haben über sie gespottet, eigentlich zu Unrecht. Denn bis zu seinem Sturz in den Ersten Weltkrieg befand sich das Kaiserreich in einem stürmischen Aufbruch, einem 20. Jahrhundert entgegen, das den Deutschen zu gehören schien.

Doch was soll man von dem himmlischen Alliierten halten, der da in Anspruch genommen wird? War und ist er nicht auch für andere Menschen und Völker zuständig? Unwillkürlich fällt einem der »Alte Dessauer« ein, der raue und fromme Exerziermeister der preußischen Armee, der im Jahre 1745 vor der Schlacht bei Kesselsdorf noch einigermaßen christlich betete: »Herrgott, hilf mich, und wenn Du das nicht willst, dann hilf wenigstens die Schurken von Feinden nicht, sondern sieh zu, wie es kommt. Amen. In Jesu Namen, marsch.« Indessen erbte die unchristliche Inanspruchnahme sich fort bis in den Zweiten Weltkrieg hinein. »Gott mit uns«, hieß die Inschrift auf den Koppelschlössern deutscher Soldaten.

Bevor wir in den Spott über Wilhelm II. preiswert einstimmen, sollten wir indessen zwei Fragen beantworten. Die erste lautet, ob es bei den Politikern unserer Tage – mit nur etwas anderen Worten – nicht sehr ähnlich klingt, wenn sie Wahlreden halten. Der Kaiser war zwar in sein Amt geboren, von »Gottes Gnaden«, wie er selbst meinte. Aber auf seine Weise war er zugleich ein moderner Mensch. Er begeisterte sich für den technischen Fortschritt – und fürs Reisen weit mehr als fürs Arbeiten. Beispielhaft nahm er vorweg, was für die meisten Menschen noch ein Traum blieb und erst zwei oder drei Generationen später Wirklichkeit wurde. Außerdem redete er so gern und so viel, als befände er sich immerfort in einem Wahlfeldzug. Obwohl es noch keine Meinungsumfragen gab, wusste er gut genug, dass ein Regent populär sein soll. Es steht auf einem anderen Blatt, dass er das nie ganz erreichte. Später haben die Deutschen, wenn sie sich schlecht behandelt fühlten, halb im Spott und halb im Trotz gesungen: »Wir wollen unsern alten Kaiser Wilhelm wiederhaben!« – und damit den Großvater Wilhelm I. gemeint.

Zweitens sollten wir sagen, wo Roßbach und Dennewitz eigentlich liegen und was es mit diesen Orten auf sich hat, an denen nach der Meinung Seiner Majestät Gott höchstpersönlich ein Verbündeter gewesen war. Die Deutschen und besonders die Preußen, die im Jahre 1892 lebten, kannten selbstverständlich die Antworten, doch die jungen Leute unserer Tage dürften in Verlegenheit geraten und es als unfair empfinden, wenn ihnen beim Abitur oder bei einer Quizshow solch eine Frage gestellt würde.

Nun denn: Roßbach gehört zum Siebenjährigen Krieg, in die Schlachtenreihe Friedrichs des Großen im Jahre 1757: Prag, Kolin, Roßbach, Leuthen – in dieser Folge. Das historische Roßbach, zu unterscheiden von fast zwei Dutzend Orten desselben Namens hauptsächlich in Bayern und Hessen, liegt in Sachsen-Anhalt südlich von Halle. Dort schlug Friedrich die Franzosen und die mit ihnen verbündeten Kontingente aus süddeutschen Staaten, Reichsarmee und fortan Reißausarmee genannt, sodass der Spottvers entstand:

»Und wenn der große Friedrich kommt
und klopft nur auf die Hosen,
so läuft die ganze Reichsarmee,
Panduren und Franzosen.«

Dennewitz befindet sich in der südlichen Mark Brandenburg nahe bei Jüterbog. Hier warf General von Bülow am 6. September 1813, gut einen Monat vor der Völkerschlacht bei Leipzig, mit russischer und schwedischer Unterstützung, hauptsächlich aber mit preußischen Landwehrsoldaten die Franzosen zurück, die nach Berlin vorzudringen versuchten. »Er war ein ausgezeichneter und glücklicher Feldherr, der nie geschlagen worden ist«, sagt ein Lexikon des 19. Jahrhunderts über Bülow, und nach dem Sieg über Napoleon durfte er sich Graf von Dennewitz nennen.

Solch eine Form von Wissen war für unsere Ur- oder Ururgroßeltern selbstverständlich; sie kannten sich in der Schlachten-Weltgeschichte von der Antike bis zur Gegenwart aus. Notfalls halfen Eselsbrücken: »Drei drei drei – bei Issos Keilerei.« Ebenso wussten sie in der Abfolge der Kaiser, Könige und Kurfürsten Bescheid. Mein Großvater, Jahrgang 1858, pflegte den Bildungsstand seiner Gäste an der Frage zu prüfen: »Wie kam das Haus Hannover auf den englischen Königsthron?« (Der »Winterkönig«, Kurfürst Friedrich V. von der Pfalz, heiratete im Jahre 1613 Elisabeth Stuart, eine Tochter König Jakobs I. Deren Tochter Sophie heiratete ins Welfenhaus; so kam Stuart-Blut nach Hannover. Und der Sohn von Sophie, Georg Ludwig, 1660 geboren, also ein Urenkel Jakobs I., wurde als nächster, jedenfalls nächster evangelischer Erbe auf den britischen Thron berufen, als er im Jahre 1714 nach dem Tod der Königin Anna verwaiste.)

Ja, so etwas wurde einst in der Schule und »fürs Leben« vermittelt. Es gehörte so gesichert zur Allgemeinbildung wie die Kenntnis der antiken Mythologien und der klassischen Literatur, das Auswendiglernen patriotischer Gedichte nachdrücklich eingeschlossen – sodass die Frage, wozu dieses Wissen denn gut sei, unsere Vorfahren sehr überrascht und womöglich in Verlegenheit gebracht hätte, weil sie selbst sie gar nicht erst stellten.

Heute befinden wir uns in einer anderen Welt. Von ihren Vorfahren her betrachtet segeln die jungen Leute, von wer weiß wem mit dem Zeugnis der Reife versehen, in Ozeane des Unwissens hinaus, offenbar unbeschwert, als gäbe es keine Stürme und Riffe. Jeder, der mit ihnen zu tun bekommt, kann für ihre Jungfräulichkeit – was die historischen Kenntnisse betrifft – Belege beibringen. Die Frage, was eigentlich Bismarck neben einem Hering und einem Schlachtschiff sonst noch war und in welcher Zeit ungefähr man ihn ansiedeln soll, lädt zu abenteuerlichen Vermutungen ein. Wenig Trost bietet da die Tatsache, dass es mit den geographischen Vorstellungen nicht besser bestellt ist. Erinnerung an die Zeit, als ich noch Professor war, und an eine Seminardiskussion, wohlgemerkt mit Studenten, die Lehrer werden wollten: »Wo trafen sich beim Kriegsende 1945 die Russen und die Amerikaner?« – »Bei Stettin.« – »Wieso denn dort?« – »Weil die Russen zuerst Schleswig-Holstein besetzt hatten.« Doch das wird mühelos übertroffen. Es sei an den als Zeitzeugen glaubwürdigen Historiker erinnert, von dem schon im Vorwort die Rede war und der sich dafür verbürgt, dass es Schüler gibt, die »ganz ernsthaft« fragen, ob Hitler »vor Asterix oder danach« war.

Der Sachverhalt liefert Stoff zum Nachdenken über den Nutzen und Nachteil der Historie für das Leben. Anno 1874 hat Friedrich Nietzsche dem Thema eine tief gründige Untersuchung gewidmet und im Vorwort geschrieben: »Nur soweit die Historie dem Leben dient, wollen wir ihr dienen: aber es gibt einen Grad, Historie zu treiben, und eine Schätzung derselben, bei der das Leben verkümmert und entartet.«

Offenbar ist diese Lebensdienlichkeit höchst zweifelhaft und war es schon immer. Denn zunächst ist festzustellen, dass das geschichtliche Wissen, über das die Deutschen vor einem Jahrhundert verfügten, sie nicht vor dem Absturz bewahrt hat. Eher trifft das Gegenteil zu. Der glorreiche Sieg über den »Erbfeind« Frankreich schuf im »Sedantag« den einzig populären Nationalfeiertag, den wir jemals hatten[129], und schon der Baseler Beobachter Jacob Burckhardt vermutete, es würden künftig wohl alle

Darstellungen der neueren Geschichte »auf 1870/71 orientiert« werden, »bis die ganze Weltgeschichte von Adam an siegesdeutsch angestrichen« sei[130]. So geschah es; der Stolz darauf, zu den Siegesdeutschen zu gehören, verblendete und riss uns schließlich in die Katastrophen des 20. Jahrhunderts hinein.

Viele andere Belege ließen sich dafür beibringen, dass ein festes, gleichsam geronnenes Geschichtsbewusstsein nicht etwa hilft, sondern schadet und geradewegs ins Unheil führt. Man denke, um nur Neueres zu nennen, an die fort und fort schwelenden Konflikte zwischen Katholiken und Protestanten in Nordirland oder an die Metzeleien auf dem Balkan, im erinnerungsbeschwerten Kampf zwischen Serben, Kroaten, Bosniern, Mazedoniern und Albanern. Es erscheint als ein Fluch, nicht vergessen zu können; aus dem Überlieferten formieren sich der Hass und die Rachegelüste zu den Alpträumen der Gegenwart. Und wo immer man sich in Europa auf Grenzsteine beruft, die es irgendwann einmal gegeben hat, sei es vor 1945 oder vor einem halben Jahrtausend, da will man keine Versöhnung, sondern treibt zum Krieg.

Fast sieht es so aus, als müsste man über die »Kids« nicht etwa erschrecken, sondern sie beglückwünschen, wenn sie Asterix ins geschichtliche Spiel bringen, das sie so viel oder so wenig mehr angeht, wie eben dieser erfundene Gallier. Im Zweifelsfall kennen sie sich umso genauer am Computer aus und »surfen« als virtuose Wellenreiter im Internet, um dort auf dem »globalen Dorfplatz« ohne Vorbehalt zu schwatzen oder Informationen zu sammeln. Was sie da vorfinden, fasziniert sie, denn es ist ihre Zukunft. Und immerfort und wahrscheinlich mit Recht wird ihnen gesagt, dass sich hier und nirgendwo sonst entscheidet, ob sie zu den Gewinnern oder zu den Verlierern, den Analphabeten des 21. Jahrhunderts gehören werden.

Wir gehen, so heißt es, einer Wissensgesellschaft entgegen, wie es sie noch niemals gab. Aber das Wissen dieser Wissensgesellschaft spannt sich von der Gegenwart aus zur Zukunft und hat mit dem Vergangenen nichts mehr zu tun; gerade das unterscheidet sie von allem, was wir bisher gekannt haben. Darum sollen wir ja auch, zu unserem eigenen Vorteil, Inder oder andere dazu einladen, dass sie uns zur Seite treten und bei uns heimisch werden. Je vorurteilsloser wir das tun, ohne uns noch auf angeblich trennende geschichtliche Unterschiede einzulassen, desto besser. Hingegen mögen die Fremdenhasser und Globalisierungsgegner sich so militant gebärden, wie sie wollen: Es hilft ihnen nicht. Weil sie sich ans Vergangene klammern, kämpfen sie auf verlorenem Posten. Sie schaden sich selbst und uns allen; sie sind schon vorweg als Leute ohne Zukunft gebrandmarkt.

Eine – zugegeben pointierte – Überlegung mag zeigen, worum es sich handelt. Alle bisherigen Gesellschaftsordnungen oder Nationen und Staaten werden nur aus ihren Überlieferungen und Entwicklungen, also aus der Geschichte verständlich. Für die Wissensgesellschaften der Zukunft gilt das kaum noch und der Tendenz nach immer weniger. Die Strukturen, die sie bestimmen, erklären sich aus ihrer Aufgabe, und die besteht darin, sich im globalen Konkurrenzkampf zu behaupten. Diese Herausforderung drängt überall zu ähnlichen Lösungen, ob nun in Deutschland, in Europa, in Amerika, in Japan und Hongkong oder wo auch immer. Der Vergleich mit Unternehmen im wirtschaftlichen oder mit Fußballvereinen und Nationalmannschaften im sportlichen Wettbewerb liegt nahe. Sie sollen erfolgreich sein und übernehmen, was anderswo erfolgreich ist. Was darüber hinaus noch bleibt, gehört entweder zur Folklore, für die sich Touristen interessieren – oder zu den Störfaktoren, die man nach Möglichkeit wegschleifen muss. Die Geschichte wird dabei überflüssig; sofern sie nicht überhaupt den Störfaktoren zuzurechnen ist, verliert sie ihren angestammten Rang.

Eine solche Vision mag erschrecken. Aber wir sprechen ja nicht von der Gegenwart, in der sich erst Ansätze erkennen lassen, sondern von der Zukunft, der wir entgegengehen. Übrigens scheint es sich um eine Entwicklung zu handeln, die seit langem sich angebahnt hat. Bereits im Jahre 1908 notierte Friedrich Meinecke, »daß unsere historischen Studien nicht mehr wie damals das Ohr der Nation haben, nicht mehr getragen sind von einer allgemeinen Teilhabe«[131]. Meineckes »Damals« bezog sich auf die »Meistererzähler« des 19. Jahrhunderts wie Leopold von Ranke, Theodor Mommsen und Heinrich von Treitschke. Aber was einst sich untergründig vorbereitete, nur dem Scharfblickenden erkennbar, tritt heute mit voller Wucht zu Tage.

Doch wie passt bei alledem die Gedenkkultur ins Bild? Blüht sie nicht stärker als jemals zuvor? Mit Hans Günter Hockerts zu reden: »Aufs Ganze will es scheinen, dass wir in einer Zeit durchgreifender Historisierung leben. Wurde um 1970 ernsthaft gefragt ›Wozu noch Geschichte?‹, so ist die Gegenwart von Vergangenheitsbezügen regelrecht überflutet.«[132] Ausstellungen und Gedenkjahre – wie 2001 der dreihundertste Geburtstag Preußens – finden Interesse; Massen von Menschen strömen in Museen. Das Bonner »Haus der Geschichte der Bundesrepublik Deutschland«, in seiner Gründungsphase eher mit Spott bedacht, erwies sich als Erfolg. Schon 15 Monate nach der Eröffnung zählte man eine Million Besucher, und bis heute hält der Zustrom unvermindert an.[133]

Freilich ist es die Frage, was das bedeutet. Handelt es sich nicht um bloße Begleiterscheinungen, im Grunde um eine Vertuschung des tatsächlichen und unwiderruflichen Geschichtsverlustes? Etwas geschraubt, doch im Kern zutreffend hat der Philosoph Hermann Lübbe von der »Kompensation der belastenden Erfahrungen eines änderungstempobedingten kulturellen Vertrautheitsschwundes« gesprochen.[134] Die Zeit der öffentlich zugänglichen Museen und Sammlungen beginnt nicht von ungefähr im 19. Jahrhundert als Folge der industriellen Revolution, die das Überlieferte zum Verschwinden bringt und zum künstlichen Bewahren herausfordert. Zu unserer Zeit aber gehört, dass unter den Vorzeichen technologischer Umbrüche und der Globalisierung der Vertrautheitsschwund sich dramatisch beschleunigt. So gesehen ist es nur folgerichtig, wenn wir im Gegenzug von der Neigung zum dekorativen Historisieren »regelrecht überflutet« werden.

Noch etwas kommt hinzu, das Entscheidende. Das künstliche Bewahren in Forschungsberichten, Büchern, Archiven, Museen und Sammlungen stellt sich sehr zwiespältig und genau betrachtet als eine *Form der Beschwichtigung* dar. Ähnlich oder noch deutlicher zeigt sich der Sachverhalt im künstlichen Bewahren der Natur, in der Anlage von Reservaten für Tiere und Pflanzen, die wir angesichts der Triumphe unserer Weltbemächtigung mit so viel Eifer betreiben. Je unerbittlicher und umfassender wir verabschieden, was einmal war, desto dringender brauchen wir die Beschwichtigung. Sie verschafft uns für die Hinwendung zur Zukunft, die das Vergangene vergangen sein lässt, das halbwegs gute Gewissen. Von niemandem zugegeben, doch in Wahrheit umso tiefgründiger gilt das auch für die moralisierte Geschichte, von der im vorigen Kapitel die Rede war. Sie liefert ein Alibi, den Nachweis dafür, dass wir im Gedenkritual verabschieden dürfen, was gottlob hinter uns liegt.

Um den immerfort lauernden Missverständnissen nach Möglichkeit zu begegnen: Der historische Forschungsbetrieb läuft auf vollen Touren, und sehr wenig ist gegen ihn einzuwenden. Besonders in der Aufklärung der Gewaltherrschaft und ihrer Vorgeschichte hat er Beispielhaftes geleistet. Es sei nur an die Arbeit des Instituts für Zeitgeschichte erinnert.[135] Sozusagen jeder Stein wurde umgewälzt, um zu sehen, welches Gewürm sich unter ihm verbarg. Heute gibt es kaum noch etwas, was nicht bekannt ist, zumindest in den Grundzügen; allenfalls in Details sind noch Änderungen, eher Ergänzungen zu erwarten. Diese Arbeit setzt sich fort, in die Geschichte der Bundesrepublik und seit 1990 besonders der DDR hinein, ebenso im weiteren Rückgriff; Preußen ist ebenso auf den Prüfstand gestellt worden wie die Reichsgründung durch Bismarck. Es versteht sich von selbst, dass es sich dabei nicht mehr oder allenfalls noch am Rande um Schlachtengemälde oder Dynastien handelt, die unseren Vorfahren so wichtig waren, sondern um Strukturen und Entwicklungen, um die Einbettung der Ideen, Ideale oder Wahnvorstellungen in gesellschaftliche Formationen, wirtschaftliche Umbrüche, in den Streit oder das Zusammenwirken der Interessen, die wissenschaftlichen Entdeckungen und den technischen Fortschritt.

Es ist auch unbestritten, dass es Einstellungen gibt, die von weiter kommen und fortwirken – am meisten wohl gerade dann, wenn wir sie kaum noch erkennen. Die zähe Verteidigung des traditionellen Sozialstaates, dem die Experten voraussagen, dass er in der bisherigen Form keine Zukunft mehr habe, wäre unverständlich ohne seine Geschichte. Er begann schon unter Bismarck – oder in der geistigen Vorbereitung noch früher, bei Lorenz von Stein und den »Kathedersozialisten«, die sich im »Verein für Sozialpolitik« zusammenschlossen[136]; seine Entwicklung setzte sich über alle Regimeumbrüche des 20. Jahrhunderts unbeirrt fort. Ähnliches gilt in vielen Bereichen. Die »Stunde Null« eines radikalen Neuanfangs hat weder 1945 noch sonst irgendwann geschlagen; sie kann gar nicht vorkommen, weil es zur Natur des Menschen gehört, ein geschichtliches Wesen zu sein. Charakteristisch ist nur, dass man das kaum noch wahrhaben möchte oder dass es sogar als Ärgernis erscheint, weil es die Freiheit und den Erfolg im Konkurrenzkampf behindert und außerdem der »Selbstverwirklichung« im Weg steht, das sich aus den hergebrachten, morsch und fragwürdig gewordenen Bindungen lösen will.[137]

Um zum Forschungsbetrieb zurückzukehren: Sein Problem liegt nicht in ihm selbst, sondern in der Tatsache, dass er gewissermaßen ein Inzuchtunternehmen darstellt, in dem Experten mit Experten umgehen. Sie bewegen sich in einer Fachöffentlichkeit wie hinter einem fein und dicht gewobenen Schleier, durch den nur wenig in die eigentliche Öffentlichkeit und noch weniger ins allgemeine Geschichtsbewusstsein gelangt. Mehr denn je gilt die Feststellung Friedrich Meineckes, dass die Historiker und ihre Arbeiten nicht mehr »das Ohr der Nation haben, nicht mehr von einer allgemeinen Teilhabe getragen sind«.

Das mag Vorteile bringen. Man entgeht der Versuchung, sich als Oberlehrer und Vormund der Nation aufzuspielen und dabei höchst parteiisch zu sein, wie einst im Kaiserreich Heinrich von Treitschke und im Ersten Weltkrieg seine Nachfolger gleich reihenweise.[138] Aber im Gegenzug verschwindet die Möglichkeit, sachgerechte Maßstäbe zu setzen und von ihnen her korrigierend zu wirken.

Dies lässt sich an Beispielen anschaulich machen; nur an zwei sei erinnert: Goldhagens Auftreten erregte die Öffentlichkeit, obwohl alle ihm widersprachen, die mit der

Materie vertraut waren. Die wissenschaftliche einwandfreie Forschungsarbeit von Christopher Browning, die Goldhagen für seine Zwecke verwandte, kannte dagegen außer den Spezialisten kaum jemand. Ähnlich war es bei der Wanderausstellung über »Verbrechen der Wehrmacht«. Sie wirkte als Sensation, obwohl – oder weil – sie in ihrer ersten (inzwischen bereinigten) Fassung grob vereinfachte und ihr Material sich in Teilen als falsch erwies. Doch die Tatsachen, um die es ging, waren den Fachleuten aus Fachveröffentlichungen längst geläufig.[139]

Diese Trennung von Fachbetrieb und allgemeinem Bewusstsein bezeichnet einen problematischen, um nicht zu sagen gemeingefährlichen Zustand. Müsste im Zeitalter der Demokratie die Aufklärung der Öffentlichkeit nicht ein Auftrag der Wissenschaft und gerade der Geschichtswissenschaft sein? Wozu sonst wird sie aus Steuergeldern finanziert?

Der Sachverhalt hat freilich auch etwas mit den Formen der Darstellung zu tun. Der Laie, der zum Lesen verführt werden soll, braucht literarische Qualität, eine spannende Erzählung in gutem Deutsch. Aber der akademische Nachwuchs erfährt hiervon nichts, sondern wird dazu angehalten, Neues zutage zu fördern, bisher Unbekanntes, das irgendwo in öffentlichen Archiven oder privaten Material- und Briefsammlungen vergraben war. Je mehr, desto besser; daran hängt die Karriere, die ersehnte Berufung auf einen Lehrstuhl und das weitere Ansehen des Fachmanns unter den Fachkollegen. Und so werden denn in jedem Sinne erschöpfende Materialschlachten geschlagen. (Bei den Museen sieht die Regel anders aus; es gibt eine moderne Museumsdidaktik, denn hier hängen Erfolg und Ansehen vom Zustrom der Besucher ab.)

Merkwürdig genug leisten die meisten Rezensenten, deren Aufgabe es eigentlich sein sollte, als Anwälte des

Laienpublikums mit den Fachveröffentlichungen umzugehen, dem Übel noch Vorschub. Sie fragen: »Was gibt es Neues?« – und sie fragen kaum nach der literarischen Qualität. Wenn das Buch, das sie besprechen, von Aktenfunden und Anmerkungen überquillt, dann jubeln sie: »Ein Meisterwerk!« Offenbar handelt es sich um halbe und eben darum besserwisserische Fachleute, denen die akademische Karriere misslang und die umso dringender ihr Wissen vorweisen möchten.

Wir werden auf die literarische Form noch zurückkommen. Zunächst aber soll von einem Wandel die Rede sein, der in ganz andere Dimensionen verweist. Schlagwortartig ausgedrückt: Das Geschichtsbewusstsein, das wir bisher gekannt haben, löst sich auf. Es versinkt in der Geschichte, und das hat nicht nur mit der Wissensgesellschaft zu tun, der wir entgegengehen. Wir verabschieden uns von einer Übergangsepoche, die den schwierigen Weg vom »Wir« zum »Ich« kennzeichnete.

Das neuzeitliche Geschichtsdenken und die Darstellungen, die ihm entsprechen, beruhen auf Voraussetzungen, die sich durchaus nicht von selbst verstehen und unwiederholbar sind. Beispielhaft wurden im Frankreich des 17. Jahrhunderts die »querelles des anciens et des modernes« geführt, die erbitterten Gefechte zwischen der Orientierung am Überlieferten und der Hinwendung zur Zukunft. Der Fortschrittsglaube trug schließlich den Sieg davon und mündete in die Mission der Aufklärung, den Menschen und die Menschheit aus den Fesseln des Vergangenen zu befreien. Mit zumindest latent utopischem und revolutionärem Charakter entwickelte sich ein geschichtsphilosophisches Denken, das bei allen Unterschieden im Einzelnen doch immer durch das »Noch nicht« gekennzeichnet war, das erreicht werden sollte. Das galt exemplarisch bei Hegel für das Zu-sich-selbst-Kommen des Geistes im Bewusstsein der Freiheit, und es galt ebenso bei Marx für den Heilsauftrag des Proletariats.

Zu den Hintergründen gehörte vieles, was ausdrücklich gefeiert oder stillschweigend zugrunde gelegt wurde. Das heroische Zeitalter der Seefahrt vom portugiesischen Prinzen Heinrich und Kolumbus über Magellan bis zu James Cook, die Entdeckung des Seeweges nach Ostindien, Amerikas und der Südsee weitete die Horizonte. Mit der europäischen Welteroberung und der Entwicklung des Welthandels eröffnete sich die Möglichkeit einer Globalisierung, die diesen Namen verdiente, obwohl man den Begriff längst nicht kannte. Es begann die Durchsetzung eines rational geleiteten Verwaltungs- und Rechtsstaates, der seine Macht auf Berufsarmeen stützte und damit – vorübergehend – Aussichten auf eine Zivilisierung des Krieges schuf. Der Siegeszug des Kapitalismus mündete in die industrielle Revolution. Die Menschheit oder jedenfalls Europa, so schien es, befreite sich aus den Glaubenskämpfen und setzte stattdessen auf die Fortschritte der Wissenschaften und der Technik. All das führte über die älteren Vorbilder der Antike weit und grundsätzlich hinaus.

Im 19. Jahrhundert feierte einerseits der Fortschrittsoptimismus Triumphe, ganz besonders mit seinem in der angelsächsischen Welt einflussreichen Apostel Herbert Spencer.[140] In Deutschland wurde der Gedanke der Individualisierung wichtig: Personen und Völker gewannen ihre eigene, unverwechselbare Gestalt, doch eingebettet in den großen Strom der Entwicklung. Schließlich, aber nicht zuletzt wurde seit 1789 der Nationalismus geschichtsmächtig, der die eine Fortschrittsbewegung zur konkurrierenden Vielfalt auflöste, doch ohne sie vorerst in Zweifel zu ziehen.

Die Katastrophen des 20. Jahrhunderts haben den Fortschrittsoptimismus bis auf den Grund zerstört, zuletzt die Verheißung des Sozialismus. Oder genauer: Dieser Optimismus ist gewissermaßen eingedampft auf seinen handgreiflichen Restbestand in Wissenschaft und Technik; er wird kenntlich an der Wissensgesellschaft, von der die Rede war. Aber die Globalisierung, die zur Sache gehört, löst zugleich massive Ängste aus, und niemand behauptet, dass sie uns in einen Paradiesgarten führen wird, in dem wir uns zur Ruhe begeben und die fertig gebratenen Tauben ins Maul fliegen lassen. Eher ist das Gegenteil richtig: Zur Wissensgesellschaft gehört eine Mobilmachung aller verfügbaren Kräfte.

Denn ohnehin handelt es sich ja um unerbittliche Konkurrenz- und Wettkampfverhältnisse: Wenn *wir* diese Wissensgesellschaft nicht oder nur halbherzig entwickeln, werden andere es tun und uns in Bedeutungslosigkeit und Armut zurückwerfen. Der große englische Staatsphilosoph des 17. Jahrhunderts, Thomas Hobbes, hat seine Lehre vom Menschen und seinen Lebensverhältnissen im Bilde des Wettrennens aller gegen alle zusammengefasst: »Von diesem Rennen aber müssen wir annehmen, daß es kein anderes Ziel, keinen anderen Siegeskranz kennt, als: der Erste zu sein ... Und das Rennen aufgeben heißt sterben.«[141] Mehr als jemals zuvor dürfte dieses Bild sich in der Zukunft als zutreffend erweisen, und nach einer Idylle sieht es wahrhaftig nicht aus.

Der Auflösung des auf einen erlösenden Endzustand hoffenden Fortschrittsglaubens entspricht die Zerstörung der Traditionsbestände. Ihre Vernichtung war ein Ziel der Gewaltherrschaften des 20. Jahrhunderts, und sie haben gründliche, wenigstens im Negativen erfolgreiche Arbeit geleistet.[142] Das Spannungsverhältnis zwischen Überlieferung und Fortschritt, in welcher Spielart auch immer, bildete aber den Stoff, aus dem die neuzeitliche Geschichte so vielschichtig und glorreich wie zugleich konfliktbeladen und am Ende katastrophenträchtig gemacht war.

Entsprechend das Geschichtsbewusstsein. Wenn der Fortschrittsoptimismus sich ebenso auflöst wie die Macht des Überlieferten, dann verliert es sozusagen den Boden unter den Füßen. Es trägt uns nicht mehr. Mit Friedrich Nietzsche zu reden: »Das Auseinanderfallen, also die Ungewißheit, ist dieser Zeit eigen. Nichts steht auf festen Füßen und hartem Glauben an sich; man lebt für morgen, denn das Übermorgen ist zweifelhaft. Es ist alles glatt und gefährlich auf unserer Bahn, und dabei ist das Eis, das uns noch trägt, so dünn geworden: wir fühlen alle den warmen, unheimlichen Atem des Tauwindes – wo wir noch gehen, da wird bald niemand mehr gehen können!«[143]

Auch die Nationalgeschichte geht ihrer Auflösung entgegen, und nicht einmal der Versuch, sie wenigstens in der negativen Moralisierung zu bewahren, wird auf die Dauer ihre Rettung bewirken. Der Begriff der Globalisierung beschreibt ja nicht nur eine wirtschaftliche Entwicklung, sondern weit darüber hinweg die Herausforderungen der Zukunft. Ob es sich um den Schutz vor Schurken und Schurkenstaaten, das Mit- oder Gegeneinander der Kulturen, die Kluft zwischen Reichtum und Armut, die Menschenrechte, die Endlichkeit der Rohstoffe, die drohenden Klimaveränderungen oder was auch immer handelt: Kaum etwas und immer weniger lässt sich noch national bewältigen.

Aber warum eigentlich sollen wir bloß die Verluste beklagen? Könnte es zugleich nicht Gewinne geben? Heinrich Heine hat gesagt: »Der Patriotismus des Deutschen besteht darin, daß sein Herz enger wird, daß es sich zusammenzieht wie Leder in der Kälte, daß er das Fremdländische haßt, daß er nicht mehr Weltbürger, nicht mehr

Europäer, sondern nur ein enger Deutscher sein will. Da sahen wir nun das idealische Flegeltum, das Herr Jahn« – der Turnvater – »in System gebracht; es begann die schäbige, plumpe, ungewaschene Opposition gegen eine Gesinnung, die eben das Herrlichste und Heiligste ist, was Deutschland hervorgebracht hat, nämlich gegen jene Humanität, gegen jene allgemeine Menschenverbrüderung, gegen jenen Kosmopolitismus, dem unsere großen Geister, Lessing, Herder, Schiller, Goethe, Jean Paul, dem alle Gebildeten in Deutschland immer gehuldigt haben.«[144]

Wohin uns das idealische Flegeltum am Ende geführt hat, wissen wir inzwischen; umso besser, wenn wir es hinter uns lassen. Heute taugt es erst recht zu nichts mehr; es verstellt den Blick auf die Zukunft und die Verantwortung, die wir in ihr zu übernehmen haben. Nur eben: Weil das so ist, müssen wir bereit sein, den Preis zu zahlen, also die Herzens- und Geistesenge, den bornierten und barbarischen Provinzialismus eines wenn nicht ausschließlich, dann doch im Kern national bestimmten Geschichtsbewusstseins aufsprengen.

Die Frage drängt sich nun auf: Gibt es überhaupt noch eine Zukunft der Geschichte? Dazu fällt die Antwort doppelt aus, als ein Nein und ein Ja zugleich.

Nein zunächst: In der bisherigen Form wird die Geschichte ihre Bedeutung verlieren – und nicht bloß für Schüler, die sich fragen, ob Hitler vor oder nach Asterix war. Kein Emsigsein, keine Klagen und keine noch so bemerkenswerte Forschungsleistungen können diesen Bedeutungsverlust aufhalten; die Kluft zwischen dem bisherigen Fachbetrieb und dem allgemeinem Bewusstsein wird sich weiter und bis ins Abgründige vergrößern. Was der Wissenschaftsbetrieb erbringt, mag *an sich* wichtig genug sein, aber *für uns*, das heißt für die Masse der Menschen, dürfte er sich früher oder später fast so kurios ausnehmen wie die Kenntnisse von Herrscherhäusern und Schlachtensiegen, auf die unsere Vorfahren stolz waren.

Gräbt man tiefer, so stößt man auf das, was Joachim Fest den »Triumph der Anthropologie über die Geschichtsphilosophie« genannt hat.[145] Er zählt zu unseren elementaren und teuer genug erkauften Erfahrungen. Vorbewusst oder bewusst gehörte zum geschichtlichen Verständnis der Neuzeit die Veränderbarkeit nicht nur der Umstände, sondern des Menschen selbst: Der sündhafte »alte Adam« sollte sich gefälligst in einen *neuen* Menschen verwandeln, und man sprach ihm die Fähigkeit zu, das zu tun, die gehörige Erziehung vorausgesetzt.[146] Diese Auffassung wurde zur Antriebskraft der Geschichte; sie setzte von der Erziehung und Bildung bis zur politischen Gewalt unerhörte Energien frei, nicht zuletzt Energien zur Vernichtung des Bestehenden; im Kapitel über Geist und Ende der Utopie war davon bereits die Rede.[147] Aber alle Versuche zur Erschaffung des neuen Menschen sind schreckensvoll gescheitert. Der »alte Adam«, der Mensch, wie er stets schon war und immer sein wird, hat sich behauptet.

Wenn es nun eine unveränderbare Natur des Menschen gibt, dann erweist sich die Geschichtsphilosophie der Neuzeit als ein Irrglaube, und mit ihr zerfällt alles, was auf sie gegründet wurde. *Zugleich* aber gewinnen wir einen neuen Zugang und damit die Zukunft der Geschichte: Sie schlägt sich vor uns auf als ein niemals auszulesendes Buch, das in immer neuen Einkleidungen und Abwandlungen von der Conditio humana, von den Fähigkeiten und Leistungen, den Leidenschaften und Träumen, den Hoffnungen und Ängsten, der Liebe und dem Hass, dem Mut und der Feigheit, den Abgründen des Menschen erzählt.

Zugleich handelt es sich um ein Lehrbuch oder um eine Art Richtgerät: Indem wir uns der Zukunft zuwenden, ins Unbekannte hinausfahren, von dem es noch keine Seekarten gibt, rüsten wir uns dennoch mit einem Kompass aus, moderner ausgedrückt mit Radar und Echolot, weil wir erfahren, was wir vom Menschen fordern oder erhoffen dürfen und wogegen wir uns wappnen müssen.

Und was eigentlich könnte wichtiger sein? Wenn wir unsere Möglichkeiten und Grenzen nicht kennen, werden wir Schiffbruch erleiden. Wehe, wenn wir, passend für die Herausforderungen, die vor uns liegen, uns wieder einen »neuen Menschen« zurechtschnitzen und wegwerfen, was dazu nicht passt! Nein, wir müssen vom »alten Adam« ausgehen, und was man dem zumuten kann und was nicht, erfahren wir aus der Geschichte.

Wieder mögen Beispiele zur Anschauung helfen. Im ersten berichtet Alexis de Tocqueville von seinem Besuch in Amerika in den Jahren 1831/32 und von einer Flussfahrt auf dem Ohio, der zwei Staaten trennt: Im Norden liegt Ohio, im Süden Kentucky. »Die beiden Staaten unterscheiden sich nur in einer einzigen Hinsicht: Kentucky hat die Sklaverei zugelassen, Ohio sie ausgeschlossen.«

»Der Reisende, der sich von der Strömung des Ohio bis zu dessen Mündung in den Mississippi tragen läßt, fährt also sozusagen zwischen der Freiheit und der Knechtschaft dahin, und er braucht sich nur umzublicken, um zu erkennen, was der Menschheit günstiger ist.

Auf dem linken Ufer ist die Bevölkerung dünn gesät; von Zeit zu Zeit sieht man eine Sklavenschar, die unbekümmert halb verlassene Felder durchstreift; der Urwald taucht immer wieder auf. Es ist, als schliefe die Gesellschaft; der Mensch erscheint als müßig, den Anblick des Schaffens und des Lebens bietet die Natur.

Auf dem rechten Ufer erhebt sich dagegen verworrener Lärm; üppige Ernten bedecken die Felder; anmutige Häuser bezeugen den Geschmack und die Sorgfalt der Bewohner. Überall zeigt sich Wohlstand; der Mensch erscheint als reich und zufrieden: er arbeitet ...

Diese gegensätzlichen Wirkungen der Sklaverei und der Freiheit sind leicht zu verstehen; sie reichen zur Erklärung vieler Unterschiede aus, die zwischen der Kultur der Antike und der unsrigen bestehen.

Auf dem linken Ufer des Ohio fällt Arbeit mit der Vorstellung der Sklaverei zusammen, auf dem rechten Ufer mit der Vorstellung des Wohlstandes und des Fortschritts; dort wird sie erniedrigt, hier geehrt. Auf dem linken Ufer kann man keine Arbeiter weißer Rasse finden; sie hätten Angst, Sklaven ähnlich zu sein. Auf dem rechten Ufer hält man vergeblich Ausschau nach Unbeschäftigten; der Weiße richtet seine Energie auf alle Arbeiten.

So fehlt also in Kentucky den Menschen, die dort den Boden bebauen, sowohl der Fleiß als auch die Bildung, während die, die beides haben könnten, nichts tun oder nach Ohio hinüberwechseln, um dort einer Arbeit nachzugehen und sie ohne Schande ausüben zu können ...

Der Einfluß der Sklaverei reicht noch weiter; er greift auf die Seele der Herren über ... Auf beiden Seiten des Ohio hat die Natur dem Menschen ein unternehmendes und tatkräftiges Wesen verliehen, aber er macht von diesen gemeinsamen Eigenschaften einen unterschiedlichen Gebrauch.

Der Weiße des rechten Ufers, der von seinen eigenen Anstrengungen lebt, sieht im materiellen Wohlstand ein Hauptziel seiner Existenz, und da das von ihm bewohnte Land seinem Arbeitsfleiß unerschöpfliche Schätze darbietet und seine Tätigkeit immer von neuem anspornt, hat sein Erwerbssinn die gewöhnlichen Schranken menschlicher Begehrlichkeit überschritten. Durch das Verlangen nach Wohlstand angetrieben, stürzt er sich kühn auf alle Wege, die das Glück ihm eröffnet. Er wird, je nachdem, Matrose, Pionier, Fabrikant, Farmer, und er nimmt mit unveränderter Ausdauer die Arbeiten und Gefahren der verschiedenen Berufe auf sich; in dem Reichtum seiner Erfindungsgabe ist etwas Wunderbares und in seiner Gewinnsucht eine Art von Heldentum.

Der Amerikaner des linken Ufers verachtet nicht nur die Arbeit, sondern alle Vorhaben, deren Gelingen von Arbeit abhängt. Da er in einem müßigen Wohlstand lebt, hat er die Neigungen müßiger Menschen. In seinen Augen hat das Geld einen Teil seines Wertes verloren; er strebt weniger nach Reichtum als nach Betrieb und Vergnügen, und er entfaltet darin eine Tatkraft, die sein Nachbar im Norden anderem zuwendet. Leidenschaftlich liebt er die Jagd und den Krieg; er findet Gefallen an den anstrengendsten körperlichen Übungen; er ist mit den Waffen vertraut, und schon in der Kindheit hat er gelernt, seine Ehre und sein Leben in Zweikämpfen aufs Spiel zu setzen. Die Sklaverei hindert die Weißen also nicht nur daran, reich zu werden; sie lenkt sie sogar davon ab, es werden zu wollen.

Da die gleichen Ursachen seit zwei Jahrhunderten in den englischen Kolonien Nordamerikas beständig in entgegengesetzter Richtung wirkten, haben sie in der geschäftlichen Tüchtigkeit der Menschen im Norden und im Süden gewaltige Unterschiede geschaffen. Heute besitzt nur der Norden Schiffe, Fabriken, Schienenwege und Kanäle.«

Eine von Tocquevilles Folgerungen, die sich für die Zukunft als schicksalsträchtig erwiesen hat, lautete: »Man hebt in den Vereinigten Staaten die Sklaverei nicht zum Vorteil der Neger auf, sondern zum Vorteil der Weißen.«[148]

Was der große Franzose uns im Kontrast seiner Bilder vor Augen führt, ist ein historisches Experiment: Die Einwanderer, die bis in die erste Hälfte des 19. Jahrhunderts die nordamerikanischen Kolonien besiedelten, waren von gleicher britischer oder nord- und mitteleuropäischer Herkunft; kaum etwas unterschied sie. Aber wenige Generationen genügten, um den dramatischen Gegensatz zu schaffen, der dreißig Jahre später zum Kampf führen sollte – dem größten und blutigsten im Jahrhundert zwischen dem Zeitalter Napoleons und dem der Weltkriege. Geschichte sozusagen im geschichtsfreien Raum, unter Laboratoriumsbedingungen: Der Geist und die Lebensformen entwickeln sich im Norden demokratisch, im Süden aristokratisch; wir erkennen die Wechselwirkung zwischen den äußeren Umständen und den Seelenformationen. Und was ließe sich daraus nicht alles ableiten, etwa wenn man die Wandlungen des deutschen Charakters im 19. und im 20. Jahrhundert betrachtet!

Das zweite Beispiel stammt aus dem Ersten Buch Mose, viertes Kapitel. Da lesen wir in Luthers Übersetzung:

»Und Adam erkannte sein Weib Eva, und sie ward schwanger und gebar den Kain und sprach: Ich habe einen Mann gewonnen mit dem Herrn. – Und sie fuhr fort und gebar Abel, seinen Bruder. Und Abel ward ein Schäfer; Kain aber ward ein Ackermann. – Es begab sich aber nach etlicher Zeit, daß Kain dem Herrn Opfer brachte von den Früchten seines Feldes; – und Abel brachte auch von den Erstlingen seiner Herde und von ihrem Fett. Und der Herr sah gnädig an Abel und sein Opfer; – aber Kain und sein Opfer sah er nicht gnädig an. Da ergrimmte Kain sehr, und seine Gebärde verstellte sich ... – Da redete Kain mit seinem Bruder Abel. Und es begab sich, da sie auf dem Felde waren, erhob sich Kain wider sein Bruder Abel und schlug ihn tot.«

Das ist die ehrwürdig unheimliche Urgeschichte vom Brudermord. Sie handelt vom Selbstbewusstsein oder Selbstwertgefühl, das der Mensch zu seinem Leben braucht und das die Achtung, die Zuneigung, das »gnädige Ansehen« der jeweils wichtigen Bezugspersonen zu seiner Grundlage hat. In diesem Falle kommt alles auf Jehova an, der der *Herr* ist. Das Unheil beginnt, als der sich von Kain abwendet. Was folgt, erscheint als schreckensvoll folgerichtig, denn für »das Selbstwertgefühl – und nur dafür – lebt der Mensch; dafür arbeitet er, müht sich, leidet, kämpft – und stirbt notfalls auch dafür.« Oder er sucht nach dem Sündenbock, dem unschuldig Schuldigen; er mordet.

Wie beim Einzelnen, so bei den Völkern: »Demütigt ein Volk, und ihr werdet in ihm einen militanten Nationalismus wecken, dem kein Preis zu hoch erscheint für die Wiederherstellung seines Selbstwertgefühls, der ›nationalen Ehre‹ oder wie immer die Umschreibung lauten mag. Versprecht einem Volk die Steigerung seines Selbstwertgefühls bis ins Übermenschliche, bis zum Himmel hinan, und ihr werdet von ihm sowohl übermenschliche Leistungen wie übermenschliche Leiden fordern können! ... Das Hauptmotiv aller Befreiungsbewegungen ist die Wiederherstellung der Selbstachtung, des Selbstbewußtseins und des Selbstwertgefühls.«[149]

Doch wohin geraten wir eigentlich? Handelt es sich denn bei der biblischen Erzählung um einen aus den »Quellen« belegbaren Tatsachenbericht? Nein, natürlich nicht. Aber offenbar bringt diese Erzählung menschliche, menschheitliche Erfahrungen ins Bild, von dem her sich wiederum Erfahrungen ableiten und bis in die Zeitgeschichte hinein historische Vorgänge erklären lassen. Die Frage, wie die Deutschen Hitler verfielen, bleibt ohne Antwort, wenn man nicht die Beschädigung oder Zerstörung ihres Selbstbewusstseins im Gefolge der Niederlage von 1918 in Rechnung stellt. Gerade weil Hitler selbst ein Deklassierter war, konnte er wie kein anderer die Seelengründe erfassen und verkörpern, auf die es ankam, um eine Massenbewegung zu entfesseln und sie zum abgründigen Triumph zu führen.[150]

Jede bedeutende Dichtung geht, wie die Mythen und Sagen, von menschlichen Erfahrungen aus und stellt sie uns vor Augen. Die Geschichtsschreibung geht von ihren Quellen aus und will die Zusammenhänge verständlich machen, aus denen sie stammen. Doch wenn diese zu uns *sprechen* sollen, ist ein zweiter Schritt nötig: im Wortsinne die *Verdichtung*, die erst zum Leben erweckt, was einmal war und uns die Erfahrungen vermittelt, die wir brauchen.

Es gibt für diese Verdichtung ein großes Beispiel, das vielleicht größte überhaupt: Theodor Mommsens »Römische Geschichte«. Sie ruft das Geschehen vor mehr als zweitausend Jahren so zurück, als sei es die Gegenwart; auf Schritt und Tritt spürt man, wie der Autor mit den Figuren, die er schildert, lebt und leidet. Darum bricht die Darstellung mit Cäsar vor dessen Tod ab; Mommsen ertrug nicht, was noch folgte. Aber mit Recht hat er im Jahre 1902 als erster Deutscher den Nobelpreis für Literatur erhalten, fast ein halbes Jahrhundert nach dem Erscheinen seiner »Römischen Geschichte«. Um Joachim Fest das Wort zu geben: »Mommsen hat denn auch wiederholt geäußert, daß der Geschichtsschreiber mehr vom Künstler als vom Gelehrten haben müsse; daß er ›nicht in möglichster Vollständigkeit das Tagebuch der Welt wiederherzustellen‹ habe, sondern das Gewesene durch jene Phantasie zu vergewärtigen habe, ›welche wie aller Poesie so auch aller Historie Mutter ist‹.«[151]

Wohlgemerkt: Mommsen beherrschte sein Quellenmaterial wie kaum ein anderer, und die Jahrzehnte, die ihm nach der »Römischen Geschichte« blieben, sind angefüllt mit beispiellosen Materialsammlungen; mit ihnen und eben nicht als Künstler ist er unter seinen Kollegen und Nachfolgern zum unerreichten Vorbild, ja fast zur Legende geworden. Doch die Fülle überwältigte; keine zweite Erzählung ist mehr gefolgt, und die Redlichkeit gebot dann das Schweigen. Exemplarisch wird damit an Mommsen ein Grundproblem der Fachgelehrsamkeit sichtbar: dass nicht mehr zusammenwächst, was zusammengehört. Mommsens Erben haben sich für die Quellenkunde entschieden, und für die »Zunft« unserer Tage dürfte es ohnehin starker Tobak sein, die Poesie zur Mutter aller Historie zu erklären. Nur: Was bedeutet der Verzicht auf die literarische Verdichtung für die Zukunft der Geschichte, wenn deren bisherige Grundlagen sich auflösen? Soll man so weiterarbeiten, als sei nichts geschehen – und sich dann darüber beklagen, dass man nicht mehr das Ohr der Nation findet und die Scharlatane das Wort führen?

Bilanz und Ausblick

Welche Folgerungen ergeben sich aus der Bestandsaufnahme, die in diesem Buch versucht wurde? Wie werden die Geschichte und das Geschichtsverständnis des 21. Jahrhunderts aussehen?

Wenn es wahr ist, dass die beiden großen Gegenmächte der Neuzeit, die Überlieferungen und die Utopien, sich auflösen, dann bietet sich zunächst einmal als Vermutung oder jedenfalls als Hoffnung an, dass die geistigen und politischen Auseinandersetzungen der Zukunft weniger dramatisch und schreckensvoll verlaufen als die der Vergangenheit. Sie werden sozusagen klein gemahlen im allgemeinen und alltäglichen Wettkampf, den das Stichwort »Globalisierung« bezeichnet. Nicht mehr die weltbewegenden Visionen dürften wichtig sein, sondern die Einfälle, die von Tag zu Tag weiterhelfen. Dafür braucht man keine Träume, sondern Sachkenntnis und statt der Helden die Zuverlässigkeit der Informationen, die wissenschaftliche Forschung und den Sachverstand der Ingenieure. Und vieles dürfte in die gleiche Richtung wirken, vom Altem der fortgeschrittenen Wirtschaftsgesellschaften bis zu ihrer strukturellen Kriegsunfähigkeit.

Die neuen Eliten – oder Idole – sehen anders aus als die gewohnten. Sie sind jung und leistungsbereit, zukunftsoffen am Wettbewerb orientiert, ziemlich ungebildet und vollkommen traditionslos. Man findet sie vor den Computern, in der Wirtschaft, in Banken und Börsen, aber auch in der Welt der Medien und der Popkultur oder im Sport. Sie verdienen Millionen und streuen sie wieder in den Wind, weil sie ihren »Spaß« haben wollen.

Politisch gehört nicht Vabanquespielen die Zukunft, sondern Strategien der Risikovermeidung. Die Mühsal der Reformen rückt in den Vordergrund, die dem Wandel der Verhältnisse Rechnung trägt, mit Max Weber zu reden »ein starkes langsames Bohren von harten Brettern mit Leidenschaft und Augenmaß zugleich«[152]. Das Profil oder, genauer, das Richtmaß künftiger Politik hat der Engländer Bernard Crick schon vor Jahren bezeichnet, als er schrieb:

»Vielleicht läuft alles darauf hinaus, daß die Politik zwei große Feinde hat: Gleichgültigkeit gegenüber menschlichem Leid macht freie Regierungen unglaubwürdig, wenn sie nicht fähig und nicht mutig genug sind, die Möglichkeit und die Gewohnheit der Freiheit von den wenigen auf die vielen auszudehnen. Die Leidenschaft für Gewißheit verachtet die politischen Qualitäten – Vorsicht, Konzilianz, Kompromißbereitschaft, Vielfalt, Anpassungsfähigkeit und Lebhaftigkeit – zugunsten einer Pseudowissenschaft des Regierens, einer absolut klingenden Ethik oder Ideologie, eines Weltbildes rassischer oder wirtschaftlicher Art ... Eine freie Regierung ist eine, die Entscheidungen politisch und nicht ideologisch trifft.«[153]

Vorsicht bleibt freilich geboten. Erstens stammen noch viele Minenfelder und Sprengstoffe aus der Vergangenheit, und es wird schwierig genug sein, sie abzuräumen. Man denke, um nur europäische und im Weltmaßstab eher geringfügige Probleme zu nennen, an die Vorgänge auf dem Balkan, im spanischen Baskenland oder in Nordirland.

Zweitens weiß noch niemand zu sagen, ob und wie manche Kulturen oder Religionen sich ins Netzwerk der Globalisierung einfügen werden. Dies gilt vorab für den Islam. Dass er sich als sperrig erweist, liegt auf der Hand und lässt sich nicht länger mit Beschwichtigungen übertünchen.

Drittens muss man immer mit Schurkenorganisationen und Schurkenstaaten rechnen, die sich mit Mitteln der Massenvernichtung ausrüsten. Dass es misslingen kann, ihre Anschläge vorauszusehen und abzuwehren, haben wir schmerzhaft erfahren.

Viertens mögen Ängste aufspringen, die die offene Zukunft wieder mit Heilsbotschaften, mit den Patentrezepten falscher Propheten verriegeln wollen, und von ihrer Abwehr ist zu sagen, dass es dafür keine Patentrezepte gibt.

Fünftens rücken womöglich Nebelbänke der Langeweile heran, und es wird nicht leicht sein, der menschlichen Lust aufs Abenteuer die gehörigen Spielplätze zu verschaffen, gerade dann nicht, wenn sonst alles nach Wunsch verläuft.

Die Ereignisse seit dem 11. September 2001 haben indessen gezeigt, worauf wir uns einstellen müssen. Religiöse Überzeugungen, Organisationen des Terrors, abgründige Ängste und abgründiger Hass verbinden sich zu einem explosiven Gemisch, das uns auf Leben und Tod herausfordert.

Gewiss verfügt die moderne Zivilisation über sehr mächtige Waffen, und dazu zählen nicht nur die militärischen Mittel. Verheißungen strahlen von ihr aus: Verheißungen der Menschenwürde, der Freiheit und Gleichheit, des Rechts und der Demokratie, eines Lebens ohne Hunger und sonstige Not. Gegen den Ansturm dieser Verheißungen kann auf die Dauer niemand sich abschotten, weil die Entwicklung der Kommunikationstechniken sie bis in die letzten Erdenwinkel trägt. Im Übrigen zeigen von Süd-Korea bis Singapur die Beispiele Ostasiens, dass jeder seinen Anteil an den materiellen Erfolgen gewinnen kann, der sich auf die Herausforderung der Globalisierung ohne Vorbehalt einlässt.

Aber in den Stärken sind zugleich die Gefahren angelegt. *Weil* der Ansturm der modernen Zivilisation sich seinem Wesen nach überhaupt nicht begrenzen lässt und niemanden ausspart, wird er nun wiederum für jeden zu einer Herausforderung auf Leben und Tod, der den Verheißungen nicht folgen will, sondern sie für ein Teufelswerk hält. Welche Energien der Gegenwehr und der Gewalt damit freigesetzt werden können, hat Hitlers Herrschaft gezeigt, und Illusionen sind schwerlich erlaubt: Der Weltenkampf zwischen der Zivilisation und einer wie immer gedeuteten besonderen Kultur kann nur mit dem Sieg der anderen Seite enden.

Noch eines ist zu bedenken: Seit Urzeiten haben die Menschen im Schutz und im Bann von Überlieferungen gelebt. Ihre Auflösung in der Entwicklung vom »Wir« zum »Ich« ist weltgeschichtlich gesehen sehr jungen Datums. Anthropologisch betrachtet stellt sie ein Wagnis dar, ein Experiment, dessen Ausgang wir noch nicht kennen. Die Versuchung, sozusagen das Licht der Zivilisation auszuschalten und in eine bergende Dunkelheit zurückzukehren, kann immer wieder mächtig werden, unter welchem Vorzeichen auch immer. Dann verwandeln sich die Sehnsüchte oder der Wahn in Energien der Vernichtung. Um noch einmal die Flammenworte von Ernst Jünger zu zitieren: »Das tiefste Glück des Menschen besteht darin, dass er geopfert wird, und die höchste Befehlskunst darin, Ziele zu zeigen, die des Opfers würdig sind.«

Auf einen besser gesicherten Boden gelangen wir im Ausblick auf das Geschichtsbewusstsein und die Darstellung der Geschichte innerhalb unserer Zivilisation. Zunächst geht es um einen Wechsel des Bezugsrahmens oder Paradigmas: fort von allen und sei es vorbewussten Spielarten der Geschichtsphilosophie mit ihrem Spannungsverhältnis zwischen Überlieferung und Utopie, hin zur Anthropologie, zur Conditio humana. Die Lehrbeispiele einer Entfaltung oder Zerstörung menschlicher Möglichkeiten in ihrer Verflechtung mit den jeweiligen historischen Umständen liegen gewissermaßen auf der Straße, und man muss sie nur aufheben. Man findet sie in jedem Zeitalter und in allen Kulturen; darum ist es wichtig, dass wir uns auf eine Globalisierung auch der Geschichte einrichten und sie nicht als Verlust, sondern als Gewinn deuten. Am Anfang und am Ende steht nicht Deutschland, Europa oder Amerika, sondern die Menschheitsgeschichte. Und ihr sollte die Zukunft gehören.

Weiter bedingt der Abschied von der Geschichtsphilosophie einen Wechsel, zumindest eine Verlagerung des Schwerpunktes von Längs- zu Querschnitten. Die Frage nach den Bedingungen des Bestehens gewinnt an Bedeutung gegenüber der Erklärung des Fortschritts. Auf die Auswertung von Erfahrungen kommt es an, die die Geschichte uns in alten und immer neuen Bildern zur Anschauung bringt. Erfahrungen erlauben Vergleiche und die Nutzanwendung, weil es um das im Wandel Wiederkehrende statt um das Unwiederholbare, um den »alten Adam« statt um die Traumschlösser und Truggespinste eines neuen Menschen geht.

Allerdings muss man alle die Teilstücke zu dem Ganzen zusammenfügen, die zum menschlichen Leben gehören: die Technik und die Wirtschaft, das Recht, die Politik und den Glauben, die Gesellschaftsstruktur und die Seelenkunde. Wahrscheinlich bedarf es dazu einer Zusammenarbeit der Disziplinen. Doch warum eigentlich nicht, wenn doch in anderen Bereichen die Teamarbeit längst selbstverständlich ist?

Schwieriger dürfte es sein, ein Verständnis dafür zu entwickeln, dass dann auch noch die Kunst der Darstellung, also womöglich der Schriftsteller (oder der Medienkundige) gefordert ist, wenn man nicht nur die Fachleute, sondern ein weiteres Publikum interessieren will. Aber vielleicht würden beide Seiten den Nutzen haben: Der Experte verschafft sich Gehör, und der Schriftsteller gewinnt für seine Werke die Welthaltigkeit zurück, die sie heute – und zumal in Deutschland – so oft verloren haben. Vom Menschen handeln beide, die Geschichte wie die Literatur. Nebenher bemerkt: Ein wichtiger Teil unserer historischen Vorstellungen stammt ohnehin aus der Literatur. Was wüssten wir denn vom althanseatischen Lübeck ohne Thomas Mann, von der einstigen Mark Brandenburg ohne Theodor Fontane, vom untergegangenen Danzig ohne Günter Grass? Darum sollten Geschichte und Literatur sich zum beiderseitigen Vorteil verbünden, statt sich wie Fremde oder gar als Feinde zu behandeln.

Schließlich, aber nicht zuletzt ist ein Wechsel der Tugenden gefordert. Es gibt nicht mehr, voneinander durch Abgründe getrennt, die Kinder des Lichts und die Kinder der Finsternis; die Begeisterung und die Empörung müssen verabschiedet werden. Das Moralisieren verdirbt nicht nur den Charakter, sondern auch die Forschung und ihre Darstellung. Wichtig ist eher – oder allem anderen vorweg – die *Skepsis*. Kaum zufällig werden die schon weit zurückliegenden Untersuchungen, die uns noch heute etwas zu sagen haben, von der Skepsis bestimmt; man denke an Alexis de Tocqueville. Die *Anteilnahme* wird damit keineswegs aus-, sondern nachdrücklich eingeschlossen.

Skepsis entspricht dem anthropologischen Ansatz. Denn der Mensch bleibt stets das sündhafte Wesen, als das die Christen ihn sahen, mit Kant zu reden aus krummem Holze gemacht oder, wie Herder gesagt hat, eine schwache, vielfach gemischte Erdorganisation, ein Wagnis der Natur; man darf ihm nicht zu viel zumuten. Die Erfahrung sagt deutlich genug, dass Lebensordnungen und Verfassungen oder überhaupt Institutionen, denen einige Dauer beschieden ist, aus der Skepsis begründet wurden – und nicht etwa aus der Begeisterung, die ohnehin in die Unterdrückung umschlägt, sobald sie sich enttäuscht sieht. Die Skepsis stellt sich freilich nicht freude- oder schreckenstrunken, sondern ernüchternd dar. Aber sie erweist sich als lebensrettend; sie behütet uns vor den falschen Propheten und vor dem Unheil, das sie anrichten.[154]

Das bedeutendste Beispiel einer skeptischen Geschichtsbetrachtung hat Jacob Burckhardt geliefert, wie Mommsen ein Mann des 19. Jahrhunderts (1818–1897). Er bewahrte diese Skepsis gegen alle Spielarten des Enthusiasmus des Archivierens, den er ein »Schuttschleppen« nannte. Das machte ihn zum Außenseiter; der berühmte Altphilologe Ulrich von Wilamowitz-Moellendorff – übrigens der Schwiegersohn Theodor Mommsens – hat über seine Werke gesagt, dass sie für die Wissenschaft nicht existierten. Nach der »Kultur der Renaissance in Italien« (1860) und der »Geschichte der Renaissance« (1867), die sich auf die Baukunst beschränkte, hat Burckhardt denn auch nichts mehr veröffentlicht: Die »Weltgeschichtlichen Betrachtungen« sind erst 1905 aus dem Nachlass herausgegeben worden. Sie beruhen auf dem Manuskript einer Vorlesung »Über geschichtliches Studium«. Aber gleich am Anfang wird die Absage an jede geschichtsphilosophische zugunsten der anthropologischen Betrachtungen genau bezeichnet: »Unser Ausgangspunkt ist der vom einzig verbleibenden und uns möglichen Zentrum, vom duldenden, strebenden und handelnden Menschen, wie er ist und immer war und sein wird.«[155]

Darauf in der Tat kommt es an. Die Geschichte zeigt uns, was die Conditio humana ausmacht. Zum Menschen gehört es, Geschichte zu haben, aber er geht darin nicht auf. »Die Würde des Menschen ist unantastbar«, sagt unsere Verfassung; es gibt eine Verantwortung für das Handeln, und daraus folgen Rechte und Pflichten, die sich dem historischen Zugriff entziehen. So wird zugleich dem Relativismus ein Riegel vorgeschoben, in dem der Historismus sich verlor und der dem Nihilismus den Weg bereitete.

Geschichte zeigt in der Vielfalt ihrer Gestalten und Erfahrungen, was wir zu fürchten haben und worauf wir hoffen dürfen. Gerade wenn wir dazu verurteilt sind, ohne Rückhalt am Überlieferten in die Zukunft, in unbekannte Gewässer voller Untiefen hinauszusteuern, rüstet sie uns mit einem Echolot aus, sodass wir Ankergründe finden und den Schiffbruch vermeiden. Und was könnte wichtiger sein?

Voraussetzung ist allerdings, dass wir das *Exemplarische* entdecken – und dann davon so spannend *erzählen*, dass die Menschen merken: Dies geht uns an.

Anmerkungen und Hinweise zur Literatur

Die Zahlenangaben jeweils am Anfang der Anmerkungen beziehen sich auf die Textseiten.

1 Hans-Ulrich Wehler, Gedenktage und Geschichtsbewußtsein, in: Hans-Jürgen Pandel (Herausgeber): Verstehen und Verständigen, Pfaffenweiler 1991, S. 211.

2 Siehe Marion Gräfin Dönhoff: Namen die keiner mehr nennt. Ostpreußen. Menschen und Geschichte, Taschenbuchausgabe, 15. Auflage München 1984, S. 116.

3 Die Gebete werden zitiert nach dem Evangelischen Gesangbuch für die Provinz Pommern, Stettin 1897. Aus dem Jahrhundertvergleich mit modernen Gesangbüchern ließe sich eine ganze Sozial- und Ideengeschichte ableiten. Einst gab es die Wetterlieder, wie das der Gräfin Amalie Juliane von Schwarzburg-Rudolstadt (1637–1706), in dem es heißt:

»Ein Wetter steiget auf;
mein Herz, zu Gott hinauf!
Fall ihm geschwind zu Fuße
durch wahre Reu und Buße,
damit gleich deine Sünden
durch Christi Tod entschwinden.«

So etwas findet man heute nicht mehr; schließlich verfügen wir seit langem schon über Blitzableiter. Dafür klingen in einer Gesangbuchausgabe aus dem Jahre 1994 neue Töne der Naturfrömmigkeit an, wie im Lied des Pfarrers und Lyrikers Detlef Block:

»Wir wollen gut verwalten,
was Gott uns anvertraut,
verantwortlich gestalten,
was unsere Zukunft baut.
Herr, laß uns nur nicht fallen
in Blindheit und Gericht.
Erhalte uns und allen
des Lebens Gleichgewicht.«

Ob allerdings der Herr uns noch anrührt, steht dahin, wenn wir doch wissen, dass wir selbst es sind, die das Entscheidende tun oder unterlassen.

4 Der römische Kaiser Konstantin I., der Große, regierte von 306 bis 337. Die Urkunde seiner angeblichen »Konstantinischen Schenkung«, lateinisch Constitutum oder Donatio Constantini, entstand jedoch fast ein halbes Jahrtausend später, zwischen 752 und 806. Sie sprach Rom den Vorrang von allen Kirchen und dem Papst die Herrschaft in Rom, in Italien und in den römischen Provinzen des östlichen Mittelmeerraumes zu.

5 Alexis de Tocqueville, Über die Demokratie in Amerika, Erster Band, Einleitung; Ausgabe Stuttgart 1959, S. 9.

6 Rainer Maria Rilke, Brief an Witold Hulewicz vom November 1925.

7 Marion Gräfin Dönhoff, Kindheit in Ostpreußen, Berlin 1988, S. 46.

8 Stefan Heym, Einmischung. Gespräche, Reden, Essays, Gütersloh 1990, S. 241.

9 Siehe von Schumpeter: Kapitalismus, Sozialismus und Demokratie, 2. Auflage München 1950, S. 134 ff.

10 Herders »Ideen zur Philosophie der Geschichte der Menschheit« erschienen zwischen 1784 und 1791. Siehe zum Zitat: Erster Teil, Viertes Buch, IV. Es folgten von 1793 bis 1797 die denkwürdigen »Briefe zur Beförderung der Humanität«.

11 Siehe von Fukuyama: Das Ende der Geschichte. Wo stehen wir?, München 1992.

12 Zur Entwicklung des deutschen Geschichtsbewusstseins sei genannt: Friedrich Meinecke, Die Entstehung des Historismus, zuerst 1936, 4. Auflage München und Wien 1965.

13 Karl Löwith, Die Dynamik der Geschichte und der Historismus, in: Eranos-Jahrbuch 1952, Band XXI, Zürich 1953, S. 217 ff.; Zitat S. 221.

14 Siehe zu den Thesen über Feuerbach: Die deutsche Ideologie (zuerst 1945/46), abgedruckt in: Karl Marx, Die Frühschriften, herausgegeben von Siegfried Landhut, Stuttgart 1953, S. 339 ff.

15 Weil das Bewahren die Möglichkeit des Veränderns voraussetzt, hängt der Konservatismus von seinem Gegner ab. In diesem Sinne hat Martin Greiffenhagen festgestellt: »Alle konservativen Schriften atmen den Geist des Rationalismus, den sie bekämpfen.« (Das Dilemma des Konservatismus in Deutschland, München 1971, S. 64 f.) Aber das gilt nicht nur für die Schriften, sondern auch für das Handeln.

16 Siehe zur Historismusdebatte unter anderem: Wilhelm Dilthey, Einleitung in die Geisteswissenschaften, zuerst 1883; Der Aufbau der geschichtlichen Welt in den Geisteswissenschaften, 1927; Max We-

ber, Die Objektivität sozialwissenschaftlicher und sozialpolitischer Erkenntnis, in: Archiv für Sozialwissenschaften und Sozialpolitik, 1904; Ernst Troeltsch, Der Historismus und seine Probleme, 1922; Friedrich Meinecke, Die Entstehung des Historismus, a. a. O.

17 Siehe von Carl Schmitt: Politische Theologie, München und Leipzig 1922, S. 31.

18 Näher zum Dezisionismus: Christian Graf von Krockow, Die Entscheidung. Eine Untersuchung über Ernst Jünger, Carl Schmitt, Martin Heidegger, zuerst 1958, Neuauflage Frankfurt am Main und New York 1990. – Um den Missverständnissen vorzubeugen: Gelehrte wie Dilthey oder Troeltsch waren vom nationalsozialistischen Gedankengut denkbar weit entfernt. Aber ihr Historismus schuf Voraussetzungen für die Konsequenzen, die dann Jünger, Schmitt, Heidegger und andere zogen.

19 Tocqueville, Über die Demokratie in Amerika, Band II, Teil I, Kapitel VIII, zuerst 1840; deutsche Ausgabe Stuttgart 1962, S. 46. – Zur Rekonstruktion von Tocquevilles Reise sei verwiesen auf: George Wilson Pierson, Tocqueville in America, von Dudley C. Hunt gekürzte Ausgabe von »Tocqueville and Beaumont in America«, Garden City, New York 1959.

20 Jefferson, Brief an Dr. Priestley vom 27. Januar 1800. – Mit Recht hat Otto Vossler gesagt: »Jefferson war nicht der Begründer der amerikanischen Demokratie. Deren Wurzeln reichen weit zurück nach England. Er war aber der Begründer des Bewußtseins der amerikanischen Demokratie, ihrer Verherrlichung, ihres Stolzes und ihrer menschheitlichen Mission. Er hat seinem Volk den Glauben gegeben, der es zu einer Nation gemacht hat.« (Die amerikani-

schen Revolutionsideale in ihrem Verhältnis zu den europäischen, untersucht von Thomas Jefferson, München 1929, S. 187.)

21 Siehe zum Zitat aus dem George-Kreis: Jahrbuch für die geistige Bewegung, herausgegeben von Friedrich Gundolf und Friedrich Wolters, Band III, Berlin 1912, S. VIII. In der Fortsetzung des Zitats heißt es: »Wir glauben, daß es jetzt weniger darauf ankommt, ob ein Geschlecht das andere unterdrückt, eine Klasse die andere niederzwingt, ein Kulturvolk das andere zusammenschlägt, sondern daß ein ganz anderer Kampf hervorgerufen werden muß, der Kampf von Ormuzd gegen Ahriman, von Gott gegen Satan, von Welt gegen Welt.« (Ormuzd, altiranisch Ahura Masda, ist der von Zarathustra verkündete Herr der guten Schöpfung, der im Weltenkampf mit Ahriman, dem Herrn des Bösen, steht.)

22 Näher zum Thema: Fritz Stern, Kulturpessimismus als politische Gefahr. Eine Analyse politischer Ideologie in Deutschland, Bern und Stuttgart 1963; Taschenbuchausgabe München 1986.

23 Siehe von Heiner Müller: Bautzen oder Babylon, in: Sinn und Form 4/91, S. 664 ff. – Müller benannte zugleich einen Ort der Zuflucht und reservierte damit für sich und seinesgleichen eine historische Aufgabe: »Für Jahrzehnte wird nach dem vorläufigen Sieg des Kapitalismus, der ein Prinzip der Selektion ist (das Prinzip Auschwitz), die Kunst der einzige Ort der Utopie sein, das Museum, in dem die Utopie aufgehoben wird für bessere Zeiten.« (a. a. O.) – Ob freilich das Museum der passende Ort ist, um die Rückkehr ins Leben vorzubereiten, lässt sich bezweifeln.

24 Jens Reich, Abschied von den Lebenslügen. Die Intelligenz und die Macht, Berlin 1992, S. 20.

Auf die Frage, was denn die DDR in eine wie immer geartete Zweisamkeit der beiden deutschen Staaten einbringen könne, antwortete Günter Grass im November 1989: »Etwas, das vielleicht jedem aufgefallen ist, der mehrmals in der DDR gewesen ist, etwas, das uns hier fehlt: ein langsameres Lebenstempo, entsprechend mehr Zeit für Gespräche. Eine interne Nischengesellschaft (ich glaube, der Ausdruck geht auf Günter Gaus zurück) ist da entstanden, etwas Biedermeierliches wie zu Metternichs Zeiten.« (»Spiegel«-Gespräch vom 20. November 1989, abgedruckt in: Günter Grass, Deutscher Lastenausgleich. Wider das dumpfe Einheitsgebot. Reden und Gespräche, Frankfurt am Main 1990, S. 17.)
Darf man indessen vom Biedermeier träumen, da es doch von der materiellen Armseligkeit und vom »System Metternich«, von Zensur, Verfolgung und Unterdrückung aller freiheitlichen Bestrebungen so wenig zu trennen ist wie die »Nischengesellschaft« der DDR von der wuchernden »Staatssicherheit«?
Zur Nischengesellschaft siehe von Günter Gaus: Wo Deutschland liegt. Eine Ortsbestimmung, Hamburg 1983.
Die Betriebsamkeit, die die Idylle verdrängt, hat die langjährige Korrespondentin der »Zeit« in der DDR, Marlies Menge, geschildert: »Wenn es mir früher in West-Berlin zu hektisch wurde, fuhr ich rüber in meine Ostberliner Wohnung oder zu Ostberliner Freunden. Sie arbeiteten alle, aber sie hatten Zeit für endlose Gespräche ... Auch das ist jetzt anders. Viele Freunde haben keine Arbeit mehr, sind arbeitslos, in Kurzarbeit oder im Vorruhestand, haben aber keine Zeit mehr. Inzwischen scheint es mir im Westen der Stadt manchmal weniger hektisch zu sein als in deren

Osten.« (Zurück nach Babelsberg. Blick auf ein vereintes Land, Köln 1992.)

25 Wundt, Deutsche Staatsauffassung, in: Deutschlands Erneuerung, Heft 2, 1918, S. 199 ff.; Neuabdruck in: Aufrufe und Reden deutscher Professoren im Ersten Weltkrieg, herausgegeben von Klaus Böhme, Stuttgart 1975, s. 152 ff. – Max Wundt, 1879 bis 1963, Sohn des bekannten Philosophen und Psychologen Wilhelm Wundt, war seit 1918 Professor in Marburg, seit 1920 in Jena und seit 1929 in Tübingen. Wie er sich gegen Ende des Ersten Weltkriegs zu Wort meldete, so auch 1944 mit einer peinlich zeitgerechten Schrift: »Die Wurzeln der deutschen Philosophie in Stamm und Rasse.«

26 Zu den »Ideen von 1914« seien weiter genannt: Karl Schwabe, Wissenschaft und Kriegsmoral. Die deutschen Hochschullehrer und die politischen Grundlagen des Ersten Weltkriegs, Göttingen 1969; Hermann Lübbe, Die philosophischen Ideen von 1914, in: Politische Philosophie in Deutschland, Basel 1963, S. 173 ff.; Eckart Koester, Literatur und Weltkriegsideologie. Positionen und Begründungszusammenhänge deutscher Schriftsteller im Ersten Weltkrieg, Kronberg/Ts. 1977; Wilhelm Pressel, Die Kriegspredigt 1914–1918 in der evangelischen Kirche Deutschlands, Göttingen 1977; Jeffrey Verhey, Der »Geist von 1914« und die Erfindung der Volksgemeinschaft, Hamburg 2000; Kurt Flasch, Die geistige Mobilmachung. Die deutschen Intellektuellen und der Erste Weltkrieg. Ein Versuch, Berlin 2000.

27 Fritz Stern, Gold und Eisen. Bismarck und sein Bankier Bleichröder, Frankfurt am Main, Wien und Berlin 1978, S. 213.

28 Hitler, Mein Kampf, 190./194. Auflage München 1936, S. 70.

29 Tocqueville, Über die Demokratie in Amerika, Band II, Schlußbetrachtung; in der Ausgabe Stuttgart 1962, S. 358. – Nach dem französischen Original wurden hier wie bei den vorhergehenden und noch nachfolgenden Tocqueville-Zitaten einige Änderungen vorgenommen.

30 Dahrendorf, Gesellschaft und Demokratie in Deutschland, München 1965, S. 59 ff.

31 Zum Kulturpessimismus sei noch einmal verwiesen auf: Fritz Stern, Kulturpessimismus als politische Gefahr. Eine Analyse nationaler Ideologie in Deutschland, Taschenbuchausgabe München 1986. Weiterführend zum Thema, als geistige Vorgeschichte des Ersten Weltkriegs: Barbara Beßlich, Wege in den »Kulturkrieg«. Zivilisationskritik in Deutschland 1890–1914, Darmstadt 2000.

32 Zum Sieg des Wahns über die Nüchternheit, der im Schlachtflottenbau seinen Ausdruck fand, hat Michael Stürmer bitter angemerkt: »Wo blieb jener gesunde Überlebensinstinkt, der die Omnipotenzphantasien der Flottenideologien der tödlichen Lächerlichkeit preisgab? Wo die nüchterne Rechenhaftigkeit der Industrie, die in der ganzen Welt Geschäfte machte und doch heroischen Alpträumen vom Endkampf zum Opfer fiel? Deutschland war zur Fabrikhalle der Welt geworden. Aber die deutschen Eliten, statt Realpolitik zu treiben, träumten von Weltpolitik, Kolonialexpansion und Flottenbau, und wenn das alles zu nichts führte, dann mochte die Fabrikhalle einstürzen, wie die Festhalle des Hunnenkönigs die letzten Nibelungen unter sich begrub: atavistischer Alptraum in der Welt der Konstruktionsbüros.« (Stürmer, Das ruhelose Reich. Deutschland 1866–1918, 2. Auflage Berlin 1983, S. 320)

33 Siehe zum gesamten Text von Kants Aufsatz über die Aufklärung: Immanuel Kant, Politische Schriften, herausgegeben von Otto Heinrich von der Gablentz, Köln und Opladen 1965, S. 11 ff.

34 Hegel, Vorlesungen über die Philosophie der Geschichte, Vierter Teil, Dritter Abschnitt, Drittes Kapitel. – Die Vorlesungen sind erst nach Hegels Tod in verschiedenen Fassungen veröffentlicht worden. Der hier zitierte Text folgt den Ausgaben von Hegels Sohn Karl aus den Jahren 1840 und 1848.

35 In der Auseinandersetzung von Marx mit Hegel sind auch politisch weit reichende Konsequenzen angelegt. Marx gibt dem »Sein« den Vorrang vor dem »Bewußtsein« und verkündet: »Die Geschichte aller bisherigen [und künftigen] Gesellschaft ist die Geschichte von Klassenkämpfen.« Damit wird der Mensch im Grunde zur Marionette der Verhältnisse erklärt, und es entriegelt sich die Möglichkeit, im Namen eines mechanischen, aber »wissenschaftlich« bewiesenen Fortgangs der Geschichte eine Diktatur einzusetzen und zu rechtfertigen, was sie tut. Hegel dagegen verkündet die Vergöttlichung, das heißt die Freiheit des Menschen, die Wirklichkeit nach seinen eigenen Plänen einzurichten.

36 Burckhardt, Die Kultur der Renaissance in Italien, neuere Ausgabe von Werner Kaegi, Bern 1943, S. 145.

37 Zur nachfolgenden Darstellung seien einige wichtige Werke genannt.

Otto Brunner, Neue Wege der Sozialgeschichte, Göttingen 1956, 3. vermehrte Auflage unter dem Titel: Neue Wege der Verfassungs- und Sozialgeschichte, Göttingen 1968. Grundlegende Untersuchung über vormoderne Sozialverhältnisse und die Umstände ihrer Auflösung. Im gleichen Zusammenhang ist zu nennen:

Otto Hintze, Feudalismus – Kapitalismus, herausgegeben von Gerhard Oestreich, Göttingen 1970.
Werner Sombart, Der moderne Kapitalismus, 3. Auflage, Bände 1–3, München und Leipzig 1919–1927. Umfangreiches, »klassisches« Werk mit reichhaltigem Material und zahllosen Quellenhinweisen zur Entstehungsgeschichte des neuzeitlichen Wirtschaftssystems.
Reinhard Bendix, Herrschaft und Industriearbeit. Untersuchungen über Liberalismus und Autokratie in der Geschichte der Industrialisierung, Frankfurt am Main 1960. Vergleichende Darstellungen von der englischen Frühphase der Industrialisierung bis zu den sozialistischen Staaten des 20. Jahrhunderts.
Hans Planitz, Die deutsche Stadt im Mittelalter. Von der Römerzeit bis zu den Zunftkämpfen, 2. Auflage Graz und Köln 1965. Hier werden die rechtlichen Aspekte besonders berücksichtigt.
Hans Paul Bahrdt, Die moderne Großstadt. Soziologische Untersuchungen zum Städtebau, Reinbek bei Hamburg 1961. Die typischen Sozialbeziehungen im vormodernen Dorf und in der älteren Bürgerstadt werden im Kontrast zu modernen Verhältnissen anschaulich geschildert.
Bernhard Groethuysen, Die Entstehung der bürgerlichen Welt- und Lebensanschauungen in Frankreich, zwei Bände, Halle 1927 und 1930. In den vom Titel abgesteckten Grenzen eine beispielhafte Darstellung.
Weiter zur Stadtentwicklung: Edith Ennen, Die europäische Stadt des Mittelalters, Göttingen 1972; Leonardo Benevolo, Die Geschichte der Stadt, Frankfurt am Main 1991; Heinz Schilling, Die Stadt in der frühen Neuzeit, München 1993.

Norbert Elias, Über den Prozeß der Zivilisation, zwei Bände, 2. Auflage Bern und München 1969; Taschenbuchausgabe Frankfurt am Main 1976. Zum soziologischen und sozialpsychologischen Verständnis der Entwicklung vom Mittelalter zur Neuzeit ein Schlüsselwerk, mit ebenso reichhaltigem Anschauungsmaterial wie mit theoretischer Analyse.
Arnold Gehlen, Urmensch und Spätkultur. Philosophische Ergebnisse und Aussagen, Bonn 1956; derselbe: Die Seele im technischen Zeitalter. Sozialpsychologische Probleme in der industriellen Gesellschaft, Hamburg 1957. Darstellungen der vormodernen und der modernen Verhältnisse im Kontrast. Gehlen neigt freilich zur einseitigen Schätzung überlieferter Institutionen und zur Verketzerung der modernen Verhältnisse.

38 Zur Geschichte des Fortschrittsgedankens ist als grundlegend zu nennen: John Bagnell Bury, The Idea of Progress. An Inquiry into its Origin and Growth, London 1920. Ferner sei genannt, mit weiteren Literaturangaben: Erwin Faul, Ursprünge, Ausprägungen und Krise des Fortschrittsgedankens, in: Zeitschrift für Politik, Jahrgang 31, Neue Folge Heft 3, 1984, S. 241 ff.

39 Joseph A. Schumpeter, Kapitalismus, Sozialismus und Demokratie, 2. Auflage Bern 1950, S. 201.

40 Als »klassisch« zur Untersuchung religiöser Einflüsse auf die Wirtschaftsentwicklung sind zu nennen: Max Weber, Die protestantische Ethik und der Geist des Kapitalismus, in: Gesammelte Aufsätze zur Religionssoziologie, I, 5. Auflage Tübingen 1963; Richard Henry Tawney, Religion and the Rise of Capitalism, zuerst 1926. Weil er in diesem Werk wie in anderen Arbeiten die englische Sozial- und Wirtschaftsent-

wicklung von 1540 bis 1640 besonders gründlich untersuchte, hat man diese Zeit »Tawneys Jahrhundert« genannt.

41 »Stadtluft macht frei«: Ursprünglich handelte es sich um einen mittelalterlichen Rechtsgrundsatz. Der leibeigene Bauer, der in die Stadt entlief, wurde frei, wenn es seinem Grundherrn nicht binnen eines Jahres gelang, ihn zurückzuholen. Im weiteren Sinn ist jedoch der geistige Wandel von der Untertänigkeit zur Unabhängigkeit gemeint.

42 Siehe von Michael Stürmer: Das ruhelose Reich. Deutschland 1866–1918, 2. Auflage Berlin 1983, S. 407.

43 Siehe zum Folgenden: Christian Graf von Krockow, Herrschaft und Freiheit. Politische Grundpositionen der bürgerlichen Gesellschaft, 2. Auflage Stuttgart 1982.

44 Als neuere Literatur zu Machiavelli seien genannt: Herfried Münkler, Machiavelli. Die Begründung des politischen Denkens der Neuzeit aus der Krise der Republik in Florenz, Frankfurt am Main 1982; Thomas Macauley, Machiavelli, Heidelberg 1984; Valeriu Marcu, Machiavelli. Die Schule der Macht, München 1994.

45 Max Weber, Politik als Beruf, in: Gesammelte Politische Schriften, herausgegeben von Johannes Winckelmann, 2. Auflage Tübingen 1958, S. 494.

46 Burkes »Reflections on the Revolution in France« wurden schon 1791 ins Deutsche übersetzt; zu nachhaltigem Erfolg gelangten sie seit der glanzvollen Übertragung durch Friedrich Gentz im Jahre 1793. Der Freiherr vom Stein hat als konservativer Reformer über Burke gesagt: »Dieser große, erfahrene und durch seinen edlen Charakter verehrungswürdige

Staatsmann verteidigte mit Kraft und hinreißender Beredsamkeit in seinem unsterblichen Werk ›Reflections on the Revolution in France‹ die Sache gesetzlicher und religiöser Freiheit gegen die metapolitischen Neuerer, die Frankreich verwüsteten.« (Stein, Briefwechsel, Denkschriften und Aufzeichnungen, herausgegeben von E. Botzenkart, Berlin 1931–1937, Band III, S. 617) Weil freilich der Konservatismus eine *Antwort* auf die Herausforderung der Revolution darstellt, gilt der schon zitierte Satz von Martin Greiffenhagen: »Alle konservativen Schriften atmen den Geist des Rationalismus, den sie bekämpfen.« (Das Dilemma des Konservatismus in Deutschland, München 1971, S. 64 f.) Der *Begriff* des Konservativen gewinnt sogar erst nachrevolutionär Gestalt, im Titel der Zeitschrift »Le Conservateur«, die Chateaubriand 1818 begründet. Von Frankreich aus wandert der Begriff durch Europa, bürgert sich aber in England wie in Deutschland erst nach 1830 ein. Gleichwohl steht die Sache, die er meint, mit Burkes Kampfschrift aus dem Jahre 1790 nahezu fertig da. Für Deutschland, das Land ohne siegreiche Bürgerrevolution, ist noch hinzuzufügen, dass es hier einen *demokratischen* Konservatismus jedenfalls bis 1945 nicht gegeben hat. Siehe dazu: Christian Graf von Krockow, Der fehlende Konservatismus. Eine Gegenbilanz, in: Grebing/Greiffenhagen/v. Krockow/Müller, Konservatismus. Eine deutsche Bilanz, München 1971, S. 98 ff.

47 Tocqueville, Über die Demokratie in Amerika, Erster Band, Erster Teil, Drittes Kapitel, Stuttgart 1959, S. 61.

48 In den Niederlanden fand René Descartes (1596–1650) Zuflucht, Baruch de Spinoza (1632–1677) lebte hier, und John Locke (1632–1704) schrieb und

veröffentlichte 1689 in den Niederlanden seinen »Brief über Toleranz«, »Epistola de Tolerantia«, im selben Jahr auch in englischer Fassung, »A Letter concerning Toleration« – eines der großen europäischen Freiheitsmanifeste. – Es wäre reizvoll, die Verschränkung der calvinistischen Glaubensprägung mit einem Seefahrer- und Handelsgeist näher anzusehen, der sich nicht an Dogmen stoßen darf, wenn er in aller Welt Geschäfte machen will. Als Einführung sei empfohlen: Ernest Zahn, Das unbekannte Holland. Regenten, Rebellen und Reformatoren, überarbeitete Taschenbuchausgabe München 1993.

49 Zum Kampf zwischen dem Streben nach einem Machtmonopol und der Freiheit zur Vielfalt als einem europäischen Grundthema sei verwiesen auf: Ludwig Dehio, Gleichgewicht oder Hegemonie. Betrachtungen über ein Grundproblem der neueren Staatengeschichte, Neuausgabe Zürich 1996.

Eine besondere Rolle hat bei der Verteidigung des europäischen Gleichgewichts gegen jedes Vormachtstreben stets Großbritannien übernommen. In den Worten Winston Churchills: »Lord Grenville, der Außenminister, legte am 31. Dezember [1792] in einer Note an den französischen Gesandten die Stellungnahme der Regierung Seiner Majestät dar, und das in Worten, die seither als das klassische Prinzip der englischen Außenpolitik anerkannt worden sind: ›England wird niemals zulassen, dass Frankreich sich die Macht anmaßt, nach seinem Belieben und unter dem Vorwand eines angeblichen natürlichen Rechts, über das es allein befindet, das politische System für nichtig zu erklären, das durch feierliche Verträge und mit Zustimmung aller anderen Mächte garantiert worden ist. Unser Staat hält an den Prinzipien fest, von denen er mehr als ein Jahrhundert lang geleitet wurde. Darum wird er nicht untätig zusehen, wenn Frankreich sich mittelbar oder unmittelbar zum Herrn der Niederlande oder zum Schiedsrichter über die Rechte und Freiheiten Europas aufwirft. Wenn Frankreich daran gelegen ist, mit England Freundschaft zu halten, dann muß es seine Aggressionspläne und Expansionsgelüste aufgeben und sich mit seinem eigenen Gebiet begnügen, ohne andere Staaten zu beleidigen, ihre Ruhe zu stören oder ihre Rechte zu verletzen.‹« (Churchill, Geschichte, Band III: Das Zeitalter der Revolution, Stuttgart 1957, S. 283)

50 Für die Frage nach der strukturellen Kriegsfähigkeit oder Kriegsunfähigkeit hat der Vietnamkrieg ein drastisches Beispiel geliefert. Weil es sich in Vietnam um ein rückständiges Agrarland handelte, konnten alle amerikanischen Bombenangriffe, vor denen ein westeuropäisches Land binnen Tagen oder Wochen hätte kapitulieren müssen, nichts Entscheidendes ausrichten. Oder um ein nahe liegendes Beispiel zu nennen: Im Zweiten Weltkrieg und in den Jahren danach verfügten deutsche Bauern noch über Pferde, um mit ihrer Hilfe die Felder zu bestellen. Inzwischen käme die gesamte Landwirtschaft zum Stillstand, wenn die Zufuhr von Dieseltreibstoff ausbliebe. Die Lokomotiven fuhren mit dem Dampfantrieb aus heimischer Kohle; heute käme auch der gesamte Verkehr zum Erliegen. In den Städten gab es in vielen Hinterhöfen noch Handpumpen, manchmal auch Zisternen, um sich mit Wasser zu versorgen. Es ist also kein Zufall, dass seit 1945 die Bürgerkriege und Kriege sich aus den hoch- in die unterentwickelten Weltregionen verlagert haben.

51 Tocqueville, a. a. O., Einleitung, S. 9.

52 Edmund Burke, Speech on presenting to the House of Commons a Plan for the better security of the *Independence of Parliament* and the *Economic Reformation* of Civil and other Establishments, 1780. Abgedruckt in: Burke, The Works, 9 Bände, Boston 1839, Band II, S. 163 f.

53 Siehe von Schumpeter: Kapitalismus, Sozialismus und Demokratie, 2. Auflage München 1950, S. 146.

54 Burke, Reflections on the Revolution in France, a. a. O., Band III, S. 120.

55 Stein, Ausgewählte politische Briefe und Denkschriften, Stuttgart 1955, S. 171.

56 Zum Thema »Utopie« gibt es eine sehr umfangreiche Literatur; nur wenige Titel seien hier genannt.

Die klassischen Frühschriften sind zusammengestellt in: Der utopische Staat. Morus, Utopia. Campanella, Sonnenstaat. Bacon, Neu-Atlantis, herausgegeben von Klaus J. Heinisch, Reinbek bei Hamburg 1960.

Vor dem Hintergrund des Marxismus ist vor allem Ernst Bloch zu nennen, in der Gesamtausgabe seiner Werke, Frankfurt am Main: Band 3 und Band 16: Geist der Utopie, Fassungen von 1923 und 1918, 1964 und 1971; Band 5 in fünf Teilen und 2 Bänden: Das Prinzip Hoffnung, 1959.

Die Sonderentwicklung der technischen Utopie zur Science Fiction erreicht ihren Gipfel bei Stanislaw Lem; siehe näher zum Thema: Martin Schwonke, Vom Staatsroman zur Science Fiction, Stuttgart 1957.

Höhepunkt der negativen Utopie, des Schreckensgemäldes von der Zukunft bezeichnen Aldous Huxleys »Brave New World«, zuerst 1932, und George Orwells »1984«, zuerst 1949.

Wichtig zur Begriffserklärung: Karl Mannheim, Ideologie und Utopie, Bonn 1929, besonders S. 169 ff.: Das utopische Bewußtsein.
Als neuere Darstellungen: Arnhelm Neusüss (Herausgeber), Utopie. Begriff und Phänomen des Utopischen, Neuwied und Berlin 1968; Jean Servier, Der Traum von der großen Harmonie. Eine Geschichte der Utopie, München 1972; Wilhelm Voßkamp (Herausgeber), Utopieforschung. Interdisziplinäre Studien zur neuzeitlichen Utopie, Stuttgart 1982; Richard Saage, Utopieforschung. Eine Bilanz, Darmstadt 1997.

57 Das Schwärmen für den unverdorbenen Naturmenschen wird teils durch Rousseau, teils durch Reiseberichte entflammt. Siehe zu Tahiti: Winfried Volk, Die Entdeckung Tahitis und das Wunschbild der seligen Inseln in der deutschen Literatur, Dissertation Heidelberg 1934. Das schönste Zeugnis liefert das Gedicht »Der Wilde« von Johann Gottfried Seume. Es beginnt mit den Zeilen:

»Ein Kanadier, der noch Europens
übertünchte Höflichkeit nicht kannte,
und ein Herz, wie Gott es ihm gegeben,
von Kultur noch frei, im Busen fühlte ...«

Es endet unvergleichlich:

»Ruhig lächelnd sagte der Hurone:
›Seht, ihr fremden, klugen, weißen Leute,
seht, wir Wilden sind doch bessre Menschen!‹
Und er schlug sich seitwärts in die Büsche.«

58 Der utopische Staat, a. a. O., S. 22.

59 More stieg zwar zum Lordkanzler Kg. Heinrich VIII. auf. Aber als er sich der Gründung einer eigenen Staatskirche durch den König verweigerte, wurde er verhaftet und enthauptet. Für seine Standhaftigkeit wurde er 1886 selig und 1935 heilig gesprochen. Bacon stieg ebenfalls zum Lordkanzler auf, wurde jedoch vom Parlament gestürzt und entging nur mit Mühe einer Bestrafung. Campanella verbrachte insgesamt 27 Jahre im Gefängnis und wurde mehrfach schwer gefoltert.

60 Siehe von Löwith vor allem: Weltgeschichte und Heilsgeschehen; Sämtliche Schriften, Band II, Stuttgart 1983.

61 Heine, Deutschland. Ein Wintermärchen, Caput I. Weiter heißt es dort:

»Wir wollen auf Erden glücklich sein,
Und wollen nicht mehr darben;
Verschlemmen soll nicht der faule Bauch,
Was fleißige Hände erwarben.

Es wächst hienieden Brot genug
Für alle Menschenkinder,
Auch Rosen und Myrten, Schönheit und Lust,
Und Zuckererbsen nicht minder.

Ja, Zuckererbsen für jedermann,
Sobald die Schoten platzen!
Den Himmel überlassen wir
Den Engeln und den Spatzen.«

62 Siehe von Heine: Zur Geschichte der Religion und Philosophie in Deutschland, Anfang des Dritten Buches. Gegen Ende des Buches ist von der Radikalität

der deutschen Kantianer, Fichteaner und Naturphilosophen die Rede, auch davon, dass das Christentum diese Radikalität kaum länger auffangen kann. Danach heißt es dann: »Lächelt nicht über den Phantasten, der im Reiche der Erscheinungen dieselbe Revolution erwartet, die im Gebiete des Geistes stattgefunden. Der Gedanke geht der Tat voraus, wie der Blitz dem Donner. Der deutsche Donner ist freilich auch ein Deutscher und ist nicht sehr gelenkig und kommt etwas langsam herangerollt; aber kommen wird er, und wenn ihr es einst krachen hört, wie es noch niemals in der Weltgeschichte gekracht hat, so wißt: der deutsche Donner hat endlich sein Ziel erreicht… Es wird ein Stück aufgeführt werden in Deutschland, wogegen die französische Revolution nur wie eine harmlose Idylle erscheinen möchte.«

63 Robespierre, Habt ihr eine Revolution ohne die Revolution gewollt? Reden, herausgegeben von Kurt Schnelle, Leipzig ohne Jahr (Reclams Universal-Bibliothek Nr. 8370–74), S. 319 ff.

64 Aldous Huxley, Geblendet in Gaza, Hamburg 1959, S. 284 f. – Habeas-corpus-Akte: Rechtsregel, wonach niemand ohne richterlichen Haftbefehl oder richterliche Überprüfung der Haftgründe in Gewahrsam gehalten werden darf. Historisch geht die Habeas-corpus-Akte auf ein im Jahr 1679 vom englischen Oberhaus zum Schutz der persönlichen Freiheit erlassenes Gesetz zurück.

65 Siehe zum Triumph der Anthropologie über die Geschichtsphilosophie: Joachim Fest, Die schwierige Freiheit. Über die offene Flanke der offenen Gesellschaft, Berlin 1993, S. 22. – Geschichtsphilosophisch angelegte Utopien – wie im Grunde das neuzeitliche Geschichtsdenken überhaupt – setzen die Veränder-

barkeit der menschlichen Natur, die Herstellbarkeit eines »neuen Menschen« voraus. Dagegen hat schon Karl Löwith eingewandt: »Sowenig wie es eine moderne Natur gibt, wohl aber eine moderne Naturwissenschaft, sowenig gibt es eine moderne Menschennatur und insofern einen ›modernen Menschen‹, wohl aber zeitgemäße und antiquierte Anthropologien. Die moderne Hellsichtigkeit für die Verschiedenheit der geschichtlichen Existenz- und Denkweisen hat zur Kehrseite die Blindheit für die immer gleichen Grundzüge des gemeinhin und ewig Menschlichen.« (Natur und Humanität des Menschen, in: Wesen und Wirklichkeit des Menschen. Festschrift für Helmuth Plessner, Göttingen 1957, S. 64)

66 Siehe zur Schreckensbilanz der sozialistischen Utopie: Stéphane Courtois, Nicolas Werth, Jean-Louis Panné, Andrzej Paczkowski, Karel Bartosek, Jean-Louis Magolin: Das Schwarzbuch des Kommunismus. Unterdrückung, Verbrechen und Terror, München und Zürich 1998. Es sei auch verwiesen auf: François Furet, Das Ende der Illusion. Der Kommunismus im 20. Jahrhundert, München und Zürich 1996.

67 Kant, Idee zu einer allgemeinen Geschichte in weltbürgerlicher Absicht, Sechster und Vierter Satz, abgedruckt in: Politische Schriften, herausgegeben von Otto Heinrich von der Gablentz, Köln und Opladen 1965, S. 16 und 14.

68 Zur Diskussion, die durch den Zusammenbruch des Sozialismus angestoßen wurde, sei verwiesen auf: Richard Saage, Das Ende der politischen Utopie?, Frankfurt am Main 1990; derselbe (Herausgeber): Hat die politische Utopie eine Zukunft?, Darmstadt 1992; Johanno Strasser, Leben ohne Utopie?, Frankfurt am Main 1990; Joschka Fischer, Die Linke nach

dem Sozialismus, Hamburg 1992; Joachim Fest, Der zerstörte Traum. Vom Ende des utopischen Zeitalters, Berlin 1991; derselbe, Die schwierige Freiheit. Über die offene Flanke der offenen Gesellschaft, Berlin 1993.

69 Fest, Die schwierige Freiheit, a. a. O., S. 21 und 23.

70 Siehe zu den letzten und vorletzten Dingen in theologischer Begründung: Dietrich Bonhoeffer, Ethik, herausgegeben von Eberhard Bethge, 2. Auflage München 1953, S. 75 ff.

71 Zum Reformismus als einem Erbe des Glaubens hat Eduard Heimann zwar zugespitzt, aber keineswegs abwegig gesagt: »Reformfähigkeit haben die Leute aus ihrer christlichen Erziehung gelernt; es gibt sie nirgends sonst auf der Welt.« (Theologie der Geschichte, Berlin 1966, S. 212) Hinzuzufügen ist, dass dieses Urteil aus amerikanischen Erfahrungen stammt; der religiöse Sozialist Heimann emigrierte 1933 in die Vereinigten Staaten.

72 Die insgesamt 85 »Federalist Papers«, 1787/88 für New Yorker Zeitungen geschrieben und unter dem Titel »The Federalist« bald auch als Buch veröffentlicht, warben für die Annahme der amerikanischen Verfassung. Autoren waren Alexander Hamilton, James Madison und John Jay. Deutsche Ausgabe unter dem Titel »Der Föderalist«, herausgegeben von Felix Ermacora, Wien 1958. Die Zitate stammen aus den Papers Nr. 51 und 30.

Es ist die skeptische, strikt antiutopische Sicht auf die Natur des Menschen, die den Autoren der »Federalist Papers« und überhaupt den amerikanischen Verfassungsvätern ihren politischen Rang, der Verfassung selbst aber ihre Dauer verliehen hat. Durch eine ähnliche Skepsis zeichnet sich das Bonner Grundgesetz aus; sie wurde von den Erfahrungen mit der Gewaltherrschaft geprägt. Das hat spätere Missdeutungen nicht ausgeschlossen; siehe auch Robert Leicht: Das Grundgesetz – eine säkularisierte Heilsordnung? Zur Technik der politischen Triebbefriedigung, in: Grundgesetz und politische Praxis, München 1974. Dazu gesellen sich inzwischen Bestrebungen, die Skepsis durch Vertrauen zu ersetzen oder jedenfalls zu ergänzen, etwa mit Einschüben direkter Demokratie durch Volksentscheide.

73 Grundlegend zum Thema Weltfrömmigkeit: Helmuth Plessner, Die verspätete Nation. Über die politische Verfügbarkeit bürgerlichen Geistes, Stuttgart 1959, zuerst unter dem Titel »Das Schicksal deutschen Geistes im Ausgang einer bürgerlichen Epoche«, Zürich 1935; Neuabdruck in: Plessner, Gesammelte Werke Band VI, Frankfurt am Main 1982, S. 7 ff.

74 Thomas Mann, Betrachtungen eines Unpolitischen, 19./24. Auflage Berlin 1922, S. 246, XXXIV, XXXVI.

75 Die in der Weimarer Republik nicht zuletzt in den Hochschulen herrschende Einstellung hat der Romanist Karl Voßler geschildert: »Immer in neuen Verpuppungen die alte Unvernunft: ein metaphysisches, spekulatives, romantisches, fanatisches und abstraktes Politisieren... An zahllosen Bier- und Kaffeetischen kann man seufzen hören, wie schmutzig, wie unheilbar unsauber doch alle politischen Geschäfte seien, wie unwahr die Presse, wie falsch die Kabinette, wie gemein die Parlamente und so weiter. Man dünkt sich, indem man also jammert, zu hoch, zu geistig für die Politik. In Wahrheit ist man kleinmütig, bequem, unlustig und unfähig zum Helfen und Dienen am eigenen Volk. Wenn man noch nicht einmal zum Mitläufer taugt, dann freilich ist es schön, sich einzubil-

den, daß man über den Parteien steht.« (Politik und Geistesleben. Rede zur Reichsgründungsfeier im Januar 1927 und drei weitere Ansprachen; Münchener Universitätsreden 8, München 1927, S. 4 und 5 f.)

76 Zur Nischengesellschaft in der DDR sei verwiesen auf: Günter Gaus, Wo Deutschland liegt. Eine Ortsbestimmung, Hamburg 1983.

77 Tocqueville, Der alte Staat und die Revolution, Drittes Buch, Erstes Kapitel; Taschenbuchausgabe Reinbek bei Hamburg 1969, S. 125. – Tocqueville hat auch die Auswirkungen auf die Sachwalter der Macht geschildert: »Viele waren zwar in ihrem Beruf sehr geschickte Männer; sie waren mit allen Spezialitäten der Verwaltung ihrer Zeit gründlich vertraut; was aber die große Wissenschaft der Regierung anlangt, die ja die allgemeine Bewegung der Gesellschaft begreifen, was im Geist der Massen vorgeht, beurteilen und dessen Folgen voraussehen lehrt, so waren sie dahin ganz ebenso unerfahren wie das Volk selbst. In der Tat, nur das Walten freier Institutionen kann die Staatsmänner in diesem wesentlichen Teil ihrer Kunst unterrichten.« (a. a. O., S. 128) – Dieses Urteil ließe sich auf die deutsche Beamtenregierung im Kaiserreich ebenso übertragen wie auf die Funktionärsherrschaft in der DDR. Siehe zum Thema Max Weber: Beamtenherrschaft und politisches Führertum, in: Parlament und Regierung im neugeordneten Deutschland (Mai 1918); Abdruck in: Gesammelte Politische Schriften, 2. Auflage Tübingen 1958, S. 308 ff.

78 Marx, Die Deutsche Ideologie, zuerst 1845/46, in: Die Frühschriften, herausgegeben von Siegfried Landshut, Stuttgart 1953, S. 342 f.

79 Um ein Jahrhundert prophetisch voraus, hat Heinrich Heine die Wirkung anderer Gedankenhelden be-

schrieben: »Die deutsche Revolution wird darum nicht milder und sanfter ausfallen, weil ihr die Kantsche Kritik, der Fichtesche Transzendentalidealismus oder gar die Naturphilosophie vorausging. Durch diese Doktrinen haben sich revolutionäre Kräfte entwickelt, die nur des Tages harren, wo sie hervorbrechen und die Welt mit Entsetzen und Bewunderung erfüllen können. Es werden Kantianer zum Vorschein kommen, die auch in der Erscheinungswelt von keiner Pietät etwas wissen wollen und erbarmungslos, mit Schwert und Beil, den Boden unseres europäischen Lebens durchwühlen, um auch die letzten Wurzeln der Vergangenheit auszurotten. Es werden bewaffnete Fichteaner auf den Schauplatz treten, die in ihrem Willensfanatismus weder durch Furcht noch durch Eigennutz zu bändigen sind ... Doch noch schrecklicher als alles wären Naturphilosophen, die handelnd eingriffen in die deutsche Revolution und sich mit dem Zersörungswerk selbst identifizieren würden. Denn wenn die Hand des Kantianers stark und sicher zuschlägt, weil sein Herz von keiner traditionellen Ehrfurcht bewegt wird; wenn der Fichteaner mutvoll jeder Gefahr trotzt, weil sie für ihn in der Wirklichkeit gar nicht existiert: so wird der Naturphilosoph dadurch furchtbar sein, daß er mit den ursprünglichen Gewalten der Natur in Verbindung tritt, daß er die dämonischen Kräfte des altgermanischen Pantheismus beschwören kann und daß in ihm jene Kampflust erwacht, die wir bei den alten Deutschen finden und die nicht kämpft, um zu zerstören noch um zu siegen, sondern bloß, um zu kämpfen. Das Christentum – und das ist sein schönstes Verdienst – hat jene brutale germanische Kampflust einigermaßen besänftigt, konnte sie jedoch nicht zerstören, und wenn einst der zähmende Talisman, das Kreuz, zerbricht, dann rasselt wieder empor die Wildheit der alten Kämpfer, die unsinnige Berserkerwut, wovon die nordischen Dichter soviel singen und sagen. Jener Talisman ist morsch, und kommen wird der Tag, wo er kläglich zusammenbricht. Die alten steinernen Götter erheben sich dann aus dem verschollenen Schutt und reiben sich den tausendjährigen Staub aus den Augen, und Thor mit dem Riesenhammer springt endlich empor und zerschlägt die gotischen Dome.« (Zur Geschichte der Religion und Philosophie in Deutschland, zuerst 1835, kurz vor Ende des Dritten Buches.)

80 Wilhelm, Traktat über den Kompromiß, Stuttgart 1973, S. 54.

81 Fest, Die schwierige Freiheit, Berlin 1993, S. 31.

82 Fest, a. a. O., S. 74.

83 Guy Kirch, Radikale Politik in einer geizigen Welt. Gedanken zur Umorientierung, in: aus politik und zeitgeschichte, Beilage zu: Das Parlament, 9. 6. 1979, S. 24. Ein Zitat von Adolf Arndt sei hier noch angefügt: »Ich bitte, es als das Herzstück meines Versuchs, als den beschwörenden Zuruf meiner Ausführungen aufzufassen, wenn ich jetzt sage: Die Unmenschlichkeit bricht aus, sobald im Vorletzten, wie es jeder politischen Partei als Ort gebührt, eine letzte Wahrheit vom Menschen zum Maßstab für mitmenschliche Gemeinschaft erhoben wird.« (Arndt, Politische Reden und Schriften, herausgegeben von Horst Ehmke und Carlo Schmid, Berlin und Bonn-Bad Godesberg 1976, S. 273)

84 Walter Scheel, Nach dreißig Jahren. Die Bundesrepublik Deutschland. Vergangenheit, Gegenwart, Zukunft, herausgegeben von Walter Scheel, Stuttgart 1979, S. 15.

85 Zur Abwertung der »bloß formalen« Mehrheitsregel sei ein Beispiel aus der inzwischen fast schon vergessenen Debatte um die »Nachrüstung« am Anfang der achtziger Jahre zitiert: »Was aber besagen Mehrheiten – in der Perzeption von Minderheiten – schon angesichts einer ›drohenden Selbstvernichtung‹? Was ist das, was apathische, ignorante ›Akklamationsmehrheiten‹ und ihre Repräsentanten in solcher Situation tun, anderes als ›Parteinahme für den Tod, die Vernichtung, ohne daß ihnen das voll bewußt (wäre)‹? Vermag in einer solchen Situation der Hinweis auf bestehende Mehrheitsverhältnisse wirkliche Legitimität zu begründen, oder hat er nicht allenfalls arithmetischen und statistischen Wert für die Vertreter eines (überholten) quantitativen Demokratieverständnisses?« (Bernd Guggenberger/Claus Offe, Politik an der Basis. Herausforderung der parlamentarischen Demokratie, in: aus politik und zeitgeschichte, Beilage zu: Das Parlament, 26. 11. 1983, S. 6. Siehe auch den von Guggenberger und Offe herausgegebenen Sammelband: An den Grenzen der Mehrheitsdemokratie. Politik und Soziologie der Mehrheitsregel, Opladen 1984.) – Apathie und Ignoranz dort, Monopolanspruch auf Einsicht und Wahrheit hier: Das läuft nicht bloß auf den Abschied von einem angeblich überholten Demokratieverständnis hinaus, auf den Machtanspruch einer ausgerechnet im Namen von »Basis«-Bewegungen selbst ernannten Elite, sondern auf den Abschied von der liberalen Demokratie überhaupt. Auf fatale Weise, nur gleichsam in seiner Umstülpung, kehrt das alte Obrigkeitssystem zurück: Die eigene Position wird mit überlegener Weisheit ausgestattet und damit als die einzig noch rettende dargestellt, jede andere dagegen mit den Projektionen von Untergangsängsten be-

setzt. Zur Ironie des Sachverhaltes gehörte im Übrigen, dass der durchgesetzte Nachrüstungsbeschluss keineswegs zu Tod und Vernichtung, sondern im Gegenteil zu einem ersten und wichtigen Schritt der Entspannung und Abrüstung zwischen Ost und West geführt hat.

86 Siehe von Sylvia und Martin Greiffenhagen: Ein schwieriges Vaterland. Zur politischen Kultur Deutschlands, München 1979; Zitat S. 321. – Die Entwicklung, die wir in den letzten Jahrzehnten durchgemacht haben, wird an einem Zitat des Staatsrechtslehrers Ernst Forsthoff deutlich: »Der Dilettantismus, mit dem in Bürgervereinen die großen Fragen der Wirtschafts- und Sozialpolitik behandelt zu werden pflegen und auch nur behandelt werden können, ist rührend und steril zugleich. Wenn die Staatsbürger je länger je weniger daran Gefallen finden, so darf man daraus folgern, daß sie inzwischen gelernt haben, die Grenzen ihrer Zuständigkeiten zu erkennen. Sie verhalten sich systemgerecht, wenn sie sich demagogischer Verführung zur Unsachlichkeit verschließen.« Das klingt wie eine Sage aus alter, längst versunkener Zeit – und stammt aus ihr, aus den frühen Jahren der Bundesrepublik. (Forsthoff, Rechtsstaat im Wandel. Verfassungsrechtliche Abhandlungen 1950–1954, Stuttgart 1964, S. 206)

87 Zum Jugendcharakter der NSDAP sei Hans-Ulrich Thamer zitiert: »1930 waren 36,8 Prozent der Mitglieder und 26,2 Prozent der Führungsgruppe der NSDAP 30 Jahre und jünger. Nicht weniger als 43 Prozent der zwischen 1930 und 1933 neu in die Partei eingetretenen Mitglieder waren zwischen 18 und 30 Jahre alt. In der SPD beispielsweise gehörten kaum halb so viele Mitglieder dieser Altersgruppe an. Im Vergleich zur SPD und erst recht zu den bürger-

lichen Parteien war die NSDAP eine Jugendpartei. Auch in den nationalsozialistischen Parlamentsfraktionen hatten die Jungen ein großes Übergewicht. In dem am 14. September 1930 gewählten Reichstag waren nur rund 10 Prozent der SPD-Abgeordneten unter 40 Jahre, bei der NSDAP waren es, genau wie bei der KPD, rund 60 Prozent.« (Verführung und Gewalt. Deutschland 1933 bis 1945, Berlin 1986, S. 178. – Siehe von Gregor Strasser, Kampf um Deutschland, München 1932, S. 171)

88 Helmuth Plessner wird zitiert nach: Soziologie und moderne Gesellschaft. Verhandlungen des Vierzehnten Deutschen Soziologentages, Stuttgart 1959, S. 14.

89 Samuel Huntington löste eine Debatte aus, als er den »clash of civilizations« als den Konflikt der Zukunft beschwor, zunächst 1993 in einem Aufsatz in der amerikanischen Zeitschrift »Foreign Affairs«, seit 1996 auch in Buchform. Siehe dazu: Udo M. Metzinger, Die Huntington-Debatte. Die Auseinandersetzung mit Huntingtons »Clash of Civilizations« in der Publizistik. Kölner Arbeiten zur Internationalen Politik, Band 13, Köln 2000. Nach dem 11. September 2001 hat Huntington jedoch bestritten, dass der von ihm vorausgesagte Konfliktfall nun eingetreten sei.

90 Als neueste – und im Wortsinne vorläufige – Veröffentlichungen zum Thema seien genannt: Roland Jacquard, Au Nom d'Oussama Ben Laden, Paris 2001, deutsche Ausgabe: Die Akte Osama bin Laden, München 2001; Michael Pohly und Khalid Durán: Osama Bin Laden und der internationale Terrorismus, München 2001.

91 Andere Kulturen scheinen sich ohne Schwierigkeiten in die Globalisierung einzufügen oder sogar dazu geeignet zu sein, in ihrer Zukunft eine herausragende

Rolle zu übernehmen. Das gilt besonders für den konfuzianischen Kulturkreis in Ostasien.

92 Die Gegensatzkonstruktion von »Gemeinschaft« und »Gesellschaft« entwickelte Ferdinand Tönnies in seinem Buch: »Gemeinschaft und Gesellschaft. Grundbegriffe der reinen Soziologie«, zuerst 1887. Um die Jahrhundertwende nahm dann die Jugendbewegung den Gemeinschaftsbegriff mit Begeisterung auf, und in der Zeit der Weimarer Republik gelangte er zu nahezu allgemeiner Anerkennung. Kritische Analysen wie Helmuth Plessners »Grenzen der Gemeinschaft. Eine Kritik des sozialen Radikalismus«, zuerst 1924, kamen dagegen nicht an.

93 Hitler hat stets betont, dass sein »nationaler Sozialismus« tiefer greife als jede Vergesellschaftung der Produktionsmittel: »Er ändert nicht die äußere Ordnung der Dinge, sondern er ändert allein das Verhältnis der Menschen zum Staat ... Was besagt da schon Besitz und Einkommen. Was haben wir das nötig: Sozialisierung der Banken und Fabriken. Wir sozialisieren die Menschen.« (Hermann Rauschning, Gespräche mit Hitler, 4. Neudruck Zürich und New York 1940, S. 151 und 179 f.)

94 Hitler hielt diese Rede am 2. Dezember 1938 in Reichenberg; zitiert nach: Ursachen und Wirkungen. Vom deutschen Zusammenbruch 1918 und 1945 bis zur staatlichen Neuordnung Deutschlands in der Gegenwart. Eine Urkunden- und Dokumentensammlung zur Zeitgeschichte herausgegeben von Herbert Michaelis und Ernst Schraepler, Berlin 1958 ff., Band XI, S. 138 f. – Die Faszination, die von der »Volksgemeinschaft« besonders für junge Leute ausging, ist vielfach bezeugt. Siehe als Beispiel: Melita Maschmann, Fazit. Kein Rechtfertigungsversuch, Stuttgart

1963, S. 16 f. Neuausgabe mit dem Untertitel »Mein Weg in die Hitler-Jugend, München 1979. Insgesamt sei zum Thema verwiesen auf: Christian Graf von Krockow, Hitler und seine Deutschen, München 2001.

95 Hitler, Mein Kampf, 190./194. Auflage München 1936, S. 327.

96 Siehe dazu: Hitlers Politisches Testament. Die Bormann-Diktate vom Februar und April 1945, Hamburg 1981. »Wofür die anderen eine Ewigkeit haben, dafür blieben mir nur ein paar armselige Jahre«, heißt es darin (S. 110). Es fehlte, so schien es, eine wahrhaft radikale Elite: »Das Ergebnis sieht danach aus! Dadurch, daß die geistige Konzeption mit der praktisch möglichen Verwirklichung nicht übereinstimmte, wurde aus der Kriegspolitik eines revolutionären Staates, wie das Dritte Reich, notwendigerweise eine Politik reaktionärer Spießbürger. Unsere Generale und unsere Diplomaten sind mit wenigen Ausnahmen Männer von gestern, die den Krieg ebenso wie die Politik einer überlebten Zeit führen. Das gilt für die Aufrichtigen ebenso wie die andern. Die einen versagen aus Unfähigkeit oder mangelnder Begeisterung, die anderen sabotieren aus voller Absicht ... Wahrhaft klassische Diplomaten, Militärs alter Schule und ostelbische Krautjunker, das waren unsere Helfer für eine Revolution von europäischem Ausmaß!« (S. 73 f.)

97 Zu den wenigen, denen die Übereinstimmung aufgefallen ist, gehört Frederick A. Lubich, Professor für Germanistik in Norfolk, Virginia. Siehe von ihm: »Seine tiefeste Lust ist der Gehorsam.« Der Tugendkatalog des internationalen Terrors findet sich schon in Thomas Manns »Zauberberg«. In: Feuilleton der Frankfurter Allgemeinen Zeitung, 26. Oktober 2001. Es heißt im Text: »Naphta gilt der Literaturwissen-

schaft seit langem als Vordenker des Faschismus. Seit dem 11. September kann er als Präfiguration des internationalen Terrorismus gelten, den er im Roman so hartnäckig wie glühend propagiert.« Gegenspieler Naphtas ist der Aufklärer Settembrini.

98 Jünger, Der Arbeiter, Hamburg 1932, S. 71.

99 Im Jahre 1873 entstand der Deutsche Kriegerbund; 1900 folgte der Kyffhäuserbund. Beide Verbände schlossen sich 1921 zum Deutschen Reichskriegerbund Kyffhäuser zusammen, der dann 42 000 Vereine mit mehr als vier Millionen Mitgliedern umfasste.

100 Bismarck im Denkmal des In- und Auslandes, unter Mitarbeit von Persönlichkeiten der Denkmal-Städte gesammelt und beschrieben von Max Ehrhardt-Apolda, Eisenach und Leipzig 1903; Zitat Blatt 3 und 4. Siehe weiter zum Thema: Dirk Reinartz/Christian Graf von Krockow, Bismarck. Vom Verrat der Denkmäler, Göttingen 1991.

101 Grundlegend als frühe Darstellung der Konzentrationslager war: Eugen Kogon, Der SS-Staat. Das System der deutschen Konzentrationslager, 13. Auflage München 1974. Als Schilderung von Auschwitz aus der Häftlingsperspektive ist besonders zu nennen: Primo Levi, Ist das ein Mensch? Ein autobiographischer Bericht, 2. Auflage München 1993; als Gegenperspektive: Rudolf Höß, Kommandant in Auschwitz, herausgegeben von Martin Broszat, 13. Auflage München 1992. Beispielhaft die Analyse: Wolfgang Sofsky, Die Ordnung des Terrors. Das Konzentrationslager, Frankfurt am Main 1993. Zur Darstellung nach der Verwandlung in Gedenkstätten: Dirk Reinartz/Christian Graf von Krockow, totenstill, Göttingen 1994 (mit weiteren Hinweisen zur Literatur).

102 Hans Günter Hockerts, Zugänge zur Zeitgeschichte: Primärerfahrung, Erinnerungskultur, Geschichtswissenschaft, in: Aus Politik und Zeitgeschichte, Beilage zu: Das Parlament, 6. 7. 2001, S. 22.

103 Siehe von Reichel: Wenn Auschwitz aufhört, weh zu tun, in: Frankfurter Allgemeine Zeitung vom 25. Januar 2000. Im weiteren Zusammenhang ist von Reichel zu nennen: Politik mit der Erinnerung. Gedächtnisorte im Streit um die nationalsozialistische Vergangenheit, München 1995. Weiter sei verwiesen auf: Edgar Wolfrum, Geschichtspolitik in der Bundesrepublik Deutschland. Der Weg zur bundesdeutschen Erinnerung 1948–1990, Darmstadt 1999; Aleida Assmann/Ute Frevert, Geschichtsvergessenheit, Geschichtsversessenheit. Vom Umgang mit deutschen Vergangenheiten nach 1945, Stuttgart 1999. Im noch weiteren Zusammenhang: Petra Bock/Edgar Wolfrum (Herausgeber): Umkämpfte Vergangenheit. Geschichtsbilder, Erinnerung und Vergangenheitspolitik im internationalen Vergleich, Göttingen 1999. Als Spezialstudie sei empfohlen: Harold Marcuse, Legacies of Dachau, Cambridge/Mass. 2001. Pro Jahr besuchen etwa 800 000 Menschen Dachau und machen das ehemalige Konzentrationslager zur mit Abstand meistbesuchten Gedenkstätte. Touristisch oder sarkastisch ausgedrückt: Sie liegt so angenehm nahe bei München und beim Hofbräuhaus.

104 Zur Gedenkstättenpädagogik sei verwiesen auf: Annegret Ehmann/Wolf Kaiser/Thomas Lutz/Hans-Fred Rathenow/Cornelia vom Stein/Norbert H. Weber (Herausgeber): Praxis der Gedenkstättenpädagogik. Erfahrungen und Perspektiven, 2. durchgesehene Auflage Leverkusen-Opladen 1996.

105 Victor Klemperer, Ich will Zeugnis ablegen bis zum

letzten. Tagebücher 1933–1945, 2 Bände, Berlin 1995.

106 Siehe von Jürgen Habermas: Eine Art Schadensabwicklung, Frankfurt am Main 1987. Weiter zum Historikerstreit: Martin Broszat, Nach Hitler. Der schwierige Umgang mit unserer Geschichte, München und Wien 1986; Dan Diner (Herausgeber), Ist der Nationalsozialismus Geschichte? Zu Historisierung und Historikerstreit, Frankfurt am Main 1987; Andreas Hillgruber: Jürgen Habermas, Karl Heinz Janßen und die Aufklärung 1986, in: Geschichte in Wissenschaft und Unterricht, Heft 12, 1986, S. 725 ff.; Hermann Lübbe, Die Gegenwart der Vergangenheit, Vorträge der Oldenburgischen Landschaft, Heft 14, 1986; Historikerstreit. Die Dokumentation der Kontroverse um die Einzigartigkeit der nationalsozialistischen Judenvernichtung, München 1987; Hans-Ulrich Wehler, Entsorgung der deutschen Vergangenheit? Ein polemischer Essay zum »Historikerstreit«, München 1988; Imanuel Geiss, Die Habermas-Kontroverse. Ein deutscher Streit, Berlin 1988; Niedersächsische Landschaftszentrale für Politische Bildung (Herausgeber), Von der Verdrängung zu Bagatellisierung. Aspekte des sogenannten Historikerstreits, Hannover 1988; Walter H. Pehle (Herausgeber), Der historische Ort des Nationalsozialismus, Frankfurt am Main 1989.

107 Sofsky, a. a. O., S. 20.

108 Günter Grass, Schreiben nach Auschwitz, in: Gegen die verstreichende Zeit. Reden, Aufsätze und Gespräche 1989–1991, Hamburg und Zürich 1991, S. 72 f. Es sei noch auf andere Veröffentlichungen von Grass hingewiesen: Deutscher Lastenausgleich. Wider das dumpfe Einheitsgebot. Reden und Ge-

spräche, Frankfurt am Main 1990; Rede vom Verlust. Über den Niedergang der deutschen Kultur im geeinten Deutschland, Göttingen 1992.

109 Zum Sklavenreich im Osten sei hier nur angemerkt, dass Auschwitz zur Verfolgung der polnischen Oberschicht eingerichtet wurde. Die Judenvernichtung trat erst später hinzu. Nur mit Schrecken kann man sich ausmalen, was nach einem deutschen »Endsieg« in Osteuropa geschehen wäre.

110 Siehe zu den »endgültig festen Gedanken«: Karl Jaspers, Vernunft und Widervernunft in unserer Zeit, München 1950, S. 33. Im Zusammenhang heißt es bei Jaspers: »Vernunft ist in Bewegung ohne gesicherten Bestand. – Sie drängt zur Kritik jeder gewonnenen Position, steht daher im Gegensatz zu der Neigung, sich durch endgültig feste Gedanken vom weiteren Denken zu befreien. – Sie verlangt Besonnenheit – sie steht im Gegensatz zur Willkür. – Sie vollzieht die Selbsterkenntnis und, mit dem Wissen um Grenzen, die Selbstbescheidung – sie steht im Gegensatz zum Übermut. – Sie verlangt unablässig zu hören und kann warten – sie steht im Gegensatz zum verengenden Rausch des Affekts ... In allem vorzeitigen Ergreifen von Einheit, wenn diese die letzte und absolute sein soll, weiß sie sich verloren ... – Daher darf sie nichts auslassen, was ist, nichts fallen lassen, nichts ausschließen. Sie ist als sie selbst grenzenlose Offenheit.«

111 Unabhängig von Goldhagens Auftreten, ihm schon vorweg, hat Eberhard Jäckel zur rückwärts gewandten Prophetie gesagt: »Nichts schien nach 1945 selbstverständlicher, als die nationalsozialistische Judenverfolgung auf einen besonders ausgeprägten Antisemitismus zurückzuführen. Die Historiker

suchten nach Belegen und fanden sie. Inzwischen haben neuere und auch vergleichende Forschungen das Bild relativiert. Gewiß gab es in der wirtschaftlichen Depression nach der Reichsgründung, besonders zwischen 1878 und 1887, antisemitische Bewegungen und Parteien. Doch erfuhren sie zwischen 1903 und 1914 einen Niedergang und waren am Vorabend des Ersten Weltkrieges fast verschwunden. Der Grundsatz der gesetzlichen Gleichberechtigung der Juden war trotz mancher gesellschaftlichen Diskriminierung zu keiner Zeit ernsthaft gefährdet worden. In Deutschland gab es keine Pogrome wie in Rußland, keine Affäre wie die um Dreyfus in Frankreich, und auch der österreichische Antisemitismus schien ausgeprägter als der deutsche. – Der amerikanische Historiker George L. Mosse hat diesen Befund 1975 einmal mit einer zugespitzten Hypothese zu verdeutlichen versucht. Wenn man, so sagte er, Leuten im Jahre 1914 erzählt hätte, daß innerhalb einer Generation die meisten europäischen Juden ermordet sein würden, wäre ihre Antwort wahrscheinlich gewesen: Die Franzosen sind zu jedem Verbrechen fähig. Man könnte sich auch vorstellen, daß die Leute die Russen, die Polen oder die Österreicher verdächtigt hätten. Die Deutschen wären ihnen wohl zuletzt eingefallen.« (Jäckel, Hitlers Herrschaft. Vollzug einer Weltanschauung, 2. Auflage Stuttgart 1988, S. 133 f.)
Der Historiker Felix Gilbert – 1905 in einer der führenden jüdischen Familien Berlins geboren und 1933 emigriert, also gewiss kein Kronzeuge der Beschwichtigung – hat über die Weimarer Republik gesagt: »Es gab eine Welle des Antisemitismus in den frühen zwanziger Jahren, in der Zeit der Ermordung Rathenaus, und dann natürlich in den Jahren, bevor

die Nationalsozialisten an die Macht kamen ... Ich bezweifle aber, daß der Antisemitismus während der zwanziger Jahre sehr an Stärke gewann und gewalttätiger wurde.« (Gilbert, Lehrjahre im alten Europa, Erinnerungen 1905–1945, Berlin 1989, S. 107)
Sogar beim Mord an Walther Rathenau gibt es Zweifel an den Motiven. Galt der Hass in erster Linie dem Juden – oder nicht eher, wie beim Anschlag auf Erzberger, dem Repräsentanten der Republik und »Erfüllungpolitiker«? Die zweite Deutung stand bei der Trauerkundgebung deutlich im Vordergrund. Nochmals Gilbert: »Für den Mord an Rathenau hat man in erster Linie den Antisemitismus verantwortlich gemacht; meiner Ansicht nach ist diese Interpretation von dem geprägt, was zehn Jahre später in Deutschland geschah. Zur Zeit des Mordes jedenfalls sahen wir im Antisemitismus nicht das entscheidende Motiv.« (a. a. O., S. 49)
Hockerts hat zur Goldhagen-Debatte gesagt: »Je besser die Historiker mit der Materie vertraut waren, umso schärfer fiel in der Regel die Kritik aus, in der deutschen Fachwelt nicht weniger als in der internationalen. Die fachliche Kritik war im Grund niederschmetternd, aber das tat dem überwältigenden Medienerfolg des jungen amerikanischen Politologen, dem triumphalen Erfolg seiner Tournee und dem reißenden Absatz seines Buches keinen Abbruch. Umgekehrt fehlte dem thematisch ganz ähnlich gelagerten, indes wissenschaftlich vorzüglichen Buch von Christopher Browning die Brisanz für eine Mediendebatte: Hier gab es keine massive PR-Kampagne, keine Nachrichtenfaktoren, keine plakative versimpelte These; hier wurde weder das Sensationsbedürfnis gereizt noch die Glaubensbereitschaft eines willi-

gen Publikums getroffen, das – quasireligiös berührt – Goldhagens Buch wie einen Ablass kaufte.« (Zugänge zur Zeitgeschichte, a. a. O., S. 30)
Siehe von Christopher Browning: Ganz normale Männer. Das Reserve-Polizeibataillon 101 und die »Endlösung« in Polen, Reinbek bei Hamburg 1993. Goldhagen benutzte Brownings Forschungen sozusagen als Sprungbrett. Aber der Vorgang demonstrierte beispielhaft das Auseinanderklaffen von Geschichtswissenschaft und einem moralisierten Geschichtsbewusstsein. Näher zum Thema: Johannes Heil/Rainer Erb (Herausgeber): Geschichtswissenschaft und Öffentlichkeit. Der Streit um Daniel J. Goldhagen, Frankfurt am Main 1998.
Gegen die lauernden Missverständnisse sei noch angefügt: Wenn man die Judenverfolgung im »Dritten Reich« nicht im Sinne Goldhagens auf einen seit langem und mörderisch aufgestauten Antisemitismus zurückführt, dann beschwichtigt man keineswegs, sondern beleuchtet im Gegenteil erst das Unheimliche des Geschehens. Die Machtverhältnisse und Befehlsstrukturen einer Gewaltherrschaft vorausgesetzt, kann beinahe jede beliebige Gruppe von Menschen verfolgt, vertrieben, vernichtet werden.

112 Nach 1871 hat die »siegesdeutsche« borussische Geschichtsklitterung Preußen eine deutsche Mission zugesprochen, die es nicht gab. Preußen hat, verständlich genug, immer nur preußische Interessen vertreten. Im 18. Jahrhundert hat Friedrich der Große sich gegen Kaiser und Reich erst mit Frankreich, dann mit England verbündet. Im 19. hat Preußen sich gegen die deutsche Nationalbewegung gestemmt und sie unterdrückt, solange das möglich war.
Erst recht entwerfen natürlich totalitäre Regime die

Vorgeschichte, die zu ihnen passt. 1933 nisteten sich die braunen Machtergreifer im preußischen Erbe ein, als sei es das ihre, und inszenierten in diesem Sinne den »Tag von Potsdam« vom 21. März 1933. Damals erschienen Postkarten, auf denen unter den Bildern Friedrichs, Bismarcks, Hindenburgs und Hitlers zu lesen stand: »Was der König eroberte, der Fürst formte, der Feldmarschall verteidigte, rettete und einigte der Soldat.«

113 Den Verlust der Erzählfähigkeit, der aus dem Moralisieren entsteht, kann man exemplarisch bei Günter Grass erkennen, wenn man den späten Roman »Ein weites Feld« (Göttingen 1995) mit der frühen »Blechtrommel« (zuerst 1959) vergleicht. Dieser Verlust hat aber wenig oder erst in zweiter Linie mit einer nachlassenden Sprachkraft zu tun. Doch die Fantastik und barocke Vielfalt, welche »Die Blechtrommel« auszeichnet, wurzelt am zeitgeschichtlichen Beispiel Danzigs in den sinnlichen Erfahrungen, die aus der Kindheit und Jugend des Autors stammen. Bei »Ein weites Feld« dagegen führt das moralisierende Vorurteil zur Wiedervereinigung die Feder. Theodor Fontane, der hier bemüht wird, moralisierte gerade nicht, sondern breitete, von leiser Ironie unterlegt, die bunte Vielfalt und Widersprüchlichkeit des Lebens aus. Und er protestierte, wo er auf die Vorurteile traf. Dies befähigte ihn zum Spätwerk seiner großen, erst im Alter geschriebenen Romane.

114 Natürlich gibt es längst auch literarisch die negative Utopie. Es sei an die bekanntesten Beispiele erinnert: Aldous Huxley, Brave New World (zuerst 1932, deutsch: Schöne neue Welt, 1953); George Orwell, Nineteen-eighty-four (zuerst 1949, deutsch: »1984«, 1950).

115 Robert Leicht, Das Grundgesetz – eine säkularisierte Heilsordnung? Zur Technik der politischen Triebbefriedigung, in: Grundgesetz und politische Praxis, München 1974, S. 137 und 140.

116 Ferraris, Wenn schon, denn schon – aber ohne Hysterie. An meine deutschen Freunde, München 1988, S. 50, 144, 165. Am Ende des Buches heißt es: »Das Leben ist kein Nibelungenlied, sondern janusköpfig: Tragödie menschlichen Leidens und Komödie menschlicher Ironie. Politik mag Ironie, sicher aber kein Grund zur Hysterie sein – ›Wenn schon, denn schon‹: ein Witz.«

117 Zu den Ausnahmen von der Regel der Schriftsteller gehörte Martin Walser. Siehe von ihm: Über Deutschland reden, Frankfurt am Main 1989.

118 Siehe zu dem Sammelband: Mein Deutschland findet sich in keinem Atlas. Schriftsteller aus beiden deutschen Staaten über ihr nationales Selbstverständnis, herausgegeben von Françoise Barthélemy und Lutz Winckler, Frankfurt am Main 1990. Die Zitate in ihrer Reihenfolge: Lutz Winckler im Vorwort, S. 10; Helga Schütz, Ein Stück der täglichen Wahrheit zur Sprache bringen, S. 21; Günter Kunert, Notgemeinschaft, S. 33; Uwe Kolbe, Ich war nicht darauf vorbereitet, ein Deutscher zu sein, S. 67 ff.

119 Leopold von Ranke, Politisches Gespräch, mit einer Einführung von Friedrich Meinecke, Ausgabe München und Leipzig 1924, S. 35. Die erste Veröffentlichung des »Politischen Gesprächs« erfolgte 1836.

120 Zur Exilierung des Geistes sei verwiesen auf: Christian Graf von Krockow, Scheiterhaufen. Größe und Elend des deutschen Geistes, Berlin 1983, Neuausgabe Reinbek bei Hamburg 1993. – Das Manifest von Oskar Maria Graf erschien am 15. Mai 1933 in der

Saarbrücker Zeitung »Volksstimme«; das Saarland stand damals noch unter französischer Verwaltung. Graf emigrierte zunächst nach Wien und 1938 in die Vereinigten Staaten. Er starb 1967 in New York.

121 Konstantin Frantz, Unsere Politik, Berlin 1850, S. 63. – Frantz, 1817–1891, war ein politischer Schriftsteller. Als konservativer Kritiker der Bismarck'schen Reichsgründung trat er für einen übernationalen Staatenbund ein.

122 »Eine konservative Tat«: Rede an den Vorstand des Kieler Konservativen Vereins vom 14. April 1891. Siehe von Bismarck: Die Gesammelten Werke (Friedrichsruher Ausgabe), 15 in 19 Bänden, Berlin 1924–1935, Band 13, S. 421.

123 Siehe zum Urteil Jacob Burckhardts: Theodor Schieder, Friedrich der Große. Ein Königtum der Widersprüche, Frankfurt am Main, Berlin und Wien 1983, S. 205. – Über Friedrichs Verhältnis zu den Reichstraditionen hat Schieder gesagt: »Keiner europäischen Macht gegenüber hat er sich so widerspruchsvoll verhalten wie zum Reich, und doch ist seine Reichspolitik in sich völlig konsequent gewesen; sie entbehrte jeder nationalen oder reichischen Gefühlsmomente und diente ausschließlich den preußischen Staatsinteressen.« (S. 262)

124 Wer zur romantischen Verbindung zwischen dem mittelalterlichen und dem modernen Kaisertum Anschauung sucht, besuche das thüringische Kyffhäuser-Denkmal. Im Beisein Wilhelms II. wurde es am 18. Juni 1896 eingeweiht und kostete in der Endabrechnung 1 452 241,37 Mark, eine für die damalige Zeit gewaltige Summe.

Das Monument gliedert sich gewissermaßen in zwei Etagen. In der unteren, in einem von Steintrümmern übersäten Hof, den Zerfall des alten Reiches symbolisierend, wächst die Sagengestalt Barbarossas, des Staufenkaisers Friedrich, aus dem Felsen hervor. Die Figur scheint Michelangelos Moses (Grabmal Julius II., San Pietro in Vinculi zu Rom) nachempfunden zu sein. Auf »Barbabianca«, den Weißbart Wilhelm I. übertragen, hat bei seiner Weiherede der Oberpfarrer Hesse hierauf angespielt: »Und dem Heere voran, ein Greis fast, und doch in jugendlicher Kraft, wie ein Moses einst, umjauchzt vom Jubel seines Volkes, getragen von seiner Liebe, gestärkt durch ein unbegrenztes Vertrauen, zog der Mann, der in seiner Demut groß war, Wilhelm der Siegreiche.« Er reitet in der oberen Etage, vor einem wuchtigen Turm, vom Pferdehuf bis zur Helmspitze neun Meter hoch. So fremd das inzwischen anmuten mag, der Besuch lohnt sich, vom herrlichen Ausblick auf die »Goldene Aue« ganz abgesehen: Hier kann man sehen, wie der erste deutsche Nationalstaat sich die Tradition, die geschichtliche Grundlage zu schaffen versuchte, die es nicht gab.

125 Hans Kohn, Die Idee des Nationalismus, Heidelberg 1950, S. 397.

126 Siehe Jeffersons Briefe an Dr. Priestley vom 19. Juni 1802 und an R. Rush vom 20. Oktober 1820.

127 Bismarck hat den Vorgang im Glanz seiner Sprache beschrieben: »Diese Kaisergeburt war eine schwere, und Könige haben in solchen Zeiten ihre wunderlichsten Gelüste, wie Frauen, bevor sie der Welt hergeben, was sie doch nicht behalten können. Ich hatte als Accoucheur [Geburtshelfer] mehrmals das dringende Bedürfnis, eine Bombe zu sein und zu platzen, daß der ganze Bau in Trümmer gegangen wäre.« (Brief Bismarcks an seine Frau vom 21. Januar 1871,

siehe: Bismarck-Briefe, herausgegeben von Hans Rothfels, 2. Auflage Göttingen 1955, S. 369)

128 Näher zum letzten deutschen Kaiser: Christian Graf von Krockow, Kaiser Wilhelm II. und seine Zeit. Biographie einer Epoche, Berlin 1999. Zu seiner vollständigen Ansprache: Reden des Kaisers. Ansprachen, Predigten und Trinksprüche Wilhelms II., herausgegeben von Ernst Johann, München 1966, S. 56 ff.

129 Zum Sedantag sei verwiesen auf die anschauliche Schilderung von Sebastian Haffner: Im Schatten der Geschichte. Historisch-politische Variationen aus zwanzig Jahren, Stuttgart 1985, S. 63 ff.

130 Zum »siegesdeutschen Anstrich« der Geschichte: Jacob Burckhardt, Briefe, Bände I–VI, vollständige und kritische Ausgabe, bearbeitet von Max Burckhardt, Basel und Stuttgart 1949–1966; Zitat Band V, S. 182 f.

Ein Beispiel für das von Burckhardt Gemeinte lieferte Heinrich von Sybel. In früheren Jahren ein Kritiker Bismarcks, schrieb er am 27. Januar, nach der Meldung der Kapitulation von Paris: »Meine Augen gehen immer hinüber zu dem Extrablatt, und die Tränen fließen mir über die Backen. Wodurch hat man die Gnade Gottes verdient, so große und so mächtige Dinge erleben zu dürfen? Was zwanzig Jahre der Inhalt alles Wünschens und Strebens gewesen, ist nun in so unendlich herrlicher Weise erfüllt! Woher soll man in meinen Lebensjahren noch einen Inhalt für das weitere Leben nehmen?« (Zitiert nach: Deutscher Liberalismus im Zeitalter Bismarcks. Eine politische Briefsammlung, herausgegeben von Julius Heyderhoff und Paul Wentzke, Band I, Bonn 1925, S. 494). Sybel half sich, indem er ein Standardwerk der deutschen Selbstbewunderung schuf: »Die Begründung des Deutschen Reiches durch Wilhelm I.« – in sieben Bänden. Der Erfolg blieb nicht aus: Die Erstausgabe erschien ab 1889, ab 1892 bereits die fünfte Auflage, 1901 eine Volksausgabe.

131 Friedrich Meinecke, Geleitwort zum 100. Band der Historischen Zeitschrift, abgedruckt in: Meinecke, Zur Geschichte der Geschichtsschreibung, herausgegeben von Eberhard Kessel, München 1968, S. 9.

132 Hans Günter Hockerts, Zugänge zur Zeitgeschichte: Primärerfahrung, Erinnerungskultur, Geschichtswissenschaft, in: Aus Politik und Zeitgeschichte, Beilage zur Wochenzeitung Das Parlament, 6. Juli 2001, S. 25.

133 Zur Besucherforschung sei verwiesen auf: Haus der Geschichte der Bundesrepublik Deutschland (Herausgeber), Museen und ihre Besucher. Herausforderungen in der Zukunft, Berlin 1996.

134 Siehe von Lübbe: Die Gegenwart der Vergangenheit. Kulturelle und politische Funktionen des historischen Bewußtseins, Oldenburg 1985, S. 13.

135 Das Institut für Zeitgeschichte wurde vom Bund und von einigen Bundesländern schon 1950 in München gegründet, bis 1952 unter dem Namen »Deutsches Institut für Geschichte der nationalsozialistischen Zeit«. Die Existenz dieses Instituts und – seit 1953 – seiner »Vierteljahreshefte für Zeitgeschichte« widerlegt die unsinnige, zum Zweck der moralisierten Anklage aufgestellte Behauptung, dass es vor 1968 keine wissenschaftlichen Auseinandersetzungen mit der Vergangenheit gegeben habe. Unabhängig von dem Münchener Institut veröffentlichten Karl Dietrich Bracher, Kurt Sontheimer, Fritz Fischer und andere grundlegende Untersuchungen in den fünfziger

und frühen sechziger Jahren. Die Politikwissenschaft – wesentlich zunächst auch der Zeitgeschichte verpflichtet – schrieb ihr Gründungsmanifest im September 1949. Zu den Gründungsvätern der neuen Disziplin gehörten Eugen Kogon und Wolfgang Abendroth, und wichtige Impulse gingen von Gelehrten aus, die aus der Emigration zurückkehrten, wie Arnold Bergstraesser und Ernst Fraenkel. Sogar die Marxismusforschung wurde keineswegs vernachlässigt – nur freilich kritisch und nicht orthodox betrieben, wie man sie später ausgerechnet im Namen »kritischer« Wissenschaft forderte.

136 Lorenz von Stein, 1815–1890, veröffentlichte 1842 – zunächst unter etwas anderem Titel – sein grundlegendes Werk »Geschichte der sozialen Bewegung in Frankreich von 1789 bis auf unsere Tage« (Neuausgabe in drei Bänden, Hildesheim 1959). Unter dem Begriff des »sozialen Königtums« entwickelte Stein die Idee eines über den Klassenkonflikten stehenden Sozialstaates, der durch Reformen die drohende Revolution abwenden sollte. Auf Steins Vorarbeit baute der »Verein für Socialpolitik« auf, der 1873 gegründet wurde. Zu den »Kathedersozialisten«, die in ihm sich versammelten, gehörten Gustav Schmoller, Adolph Wagner, Lujo Brentano und andere.

137 Die »Selbstverwirklichung« bezeichnete einen Einstellungswandel in der Abfolge der Generationen. Darauf wirft die Diskussion ein Schlaglicht, die Marion Gräfin Dönhoff im Jahre 1994 mit »Punks« führte. Die alte Preußin erklärte den jungen Leuten: »Ihr denkt immer über Selbstverwirklichung nach und darüber: ›Was tut mir gut.‹ Ich bin noch nie, weder als junger Mensch noch als Erwachsener, darauf gekommen, über Selbstverwirklichung nachzuden-

ken. Es gab immer Aufgaben, und die mußte man machen.« (»Die Zeit« vom 19. August 1994; siehe auch: Haug von Kuenheim, Marion Dönhoff, Reinbek bei Hamburg 1999, S. 74)

138 Siehe zu Treitschke und seinen Wirkungen: Christian Graf von Krockow, Porträts berühmter deutscher Männer. Von Martin Luther bis zur Gegenwart, München 2001, S. 189 ff.

139 Siehe zu Christopher Browning und den Hintergründen der Goldhagen-Debatte die ausführliche Anmerkung zu S. 106.
Zur Mitwirkung der Wehrmacht an einer verbrecherischen Kriegführung sei als Beispiel aus der Literatur genannt: Hartmut Krausnick/Hans-Heinrich Wilhelm, Die Truppe des Weltanschauungskrieges. Die Einsatzgruppen der Sicherheitspolizei und des SD 1938–1942, Stuttgart 1981. Im Vorwort von Martin Broszat heißt es: »Angesichts der Tatsache, daß die Einsatzgruppen ohne entsprechende Konzessionen der Wehrmacht – und speziell der Heeresführung – ihre Sonderaufgaben nicht hätten erfüllen können, geht Helmut Krausnick detailliert dem Verhältnis zwischen Sicherheitspolizei und Heeresführung nach und kommt hier, was die Rolle der Wehrmacht betrifft, zu bedrückenden Ergebnissen.«
Siehe weiter zum Thema: Christian Streit, Keine Kameraden. Die Wehrmacht und die sowjetischen Kriegsgefangenen 1941–1945, Stuttgart 1978; Arno J. Mayer, Der Krieg als Kreuzzug. Das Deutsche Reich, Hitlers Wehrmacht und die »Endlösung«, Reinbek bei Hamburg 1989, Hans-Heinrich Wilhelm, Rassenpolitik und Kriegsführung. Sicherheitspolizei und Wehrmacht in Polen und in der Sowjetunion 1939–1942, Passau 1991. Alle diese Ver-

öffentlichungen gingen der Wehrmachtausstellung voraus. Aus den neueren Veröffentlichungen seien noch genannt: Walter Manoschek, Die Wehrmacht im Rassenkrieg. Der Vernichtungskrieg hinter der Front, Wien 1996; Christian Gerlach, Kalkulierte Morde. Die deutsche Wirtschafts- und Vernichtungspolitik in Weißrußland 1941 bis 1944, Hamburg 1999.

140 Herbert Spencer, 1820–1903, war ursprünglich Eisenbahningenieur, und immer scheint in seinem Fortschrittsoptimismus die technische Begründung durch. Sein Hauptwerk, »A System of Synthetic Philosophy«, erschien zwischen 1862 und 1896 in elf Bänden. Es wurde bald auch ins Deutsche übersetzt: »System der synthetischen Philosophie«, 1875–1902. Hier allerdings galten Spencers Gedanken als »flache« Zivilisationspredigt, und es trat ihm der »Tiefsinn« des Kulturpessimismus entgegen. Siehe dazu: Fritz Stern, Kulturpessimismus als politische Gefahr. Eine Analyse nationaler Ideologie in Deutschland, Taschenbuchausgabe München 1986. Wenn Spencer die Gefahren der Zukunft ausblendete, dann beschwor der Kulturpessimismus sie herauf.

141 Thomas Hobbes, Human Nature, Kapitel 9, Abschnitt 21. Zitiert wird nach der Ausgabe von W. Molesworth: The English Works, Bände I–XI, London 1839–1845; hier: Band IV, S. 53.

142 Die gründliche Arbeit der Gewaltherrschaft wird an der deutschen Geschichte des 20. Jahrhunderts erkennbar. Die im Nationalsozialismus proklamierte »Volksgemeinschaft« hatte die Zerstörung der angestammten Milieus zum Ziel – aus denen dann folgerichtig auch der Widerstand stammte –, sei es des christlichen, des proletarisch-sozialistischen oder des

preußisch-konservativen. Der Krieg und die Fluchtbewegungen an seinem Ende wirkten im gleichen Sinne. Ähnlich die »sozialistische Gemeinschaft« der DDR. Weil ihr mehr Zeit zur Verfügung stand, erbrachte sie noch mehr und wider Willen auch oder gerade für die Auflösung des proletarischen Milieus, teils durch die systematische Förderung des Aufstiegs von Arbeiter- und Bauernkindern, teils durch die allgemeine Durchorganisation der Gesellschaft. Am Ende stand ein verallgemeinertes und im Gegenzug zur öffentlichen Durchorganisation privatisiertes Kleinbürgertum.

Sobald es nach 1945 möglich wurde, vorab im Westen, konzentrierte man sich auf Arbeit und Leistung. Dabei bot der materielle Erfolg nicht bloß für sich schon ein lohnendes Ziel – im direkten wie im übertragenen Sinne als die Möglichkeit, wieder satt zu werden –, sondern er erwies sich als die Chance, ein neues Selbstbewusstsein zu schaffen. Wer sich anstrengte und vorankam, der entwickelte eine eigene Art von Rechtfertigung und Moral; er durfte sich sagen, dass er es für seine Familie tat – und für die Kinder, die es einmal »besser« haben sollten. In der Tiefendimension handelte es sich zugleich um eine Umwendung von der Vergangenheit zur Zukunft. Denn der moderne Arbeitsbegriff richtet sich zur Zukunft. Jedes Dröhnen eines Presslufthammers weist auf den Abriss des Bestehenden hin; jede Blaupause will etwas Neues entwerfen, und jede Werkzeugmaschine arbeitet daran, es zu schaffen. Arbeit ersetzte die Trauerarbeit, um das bundesdeutsche »Wirtschaftswunder« auf seine Kurzformel zu bringen. Das Ergebnis hat Rudolf von Thadden zwar zugespitzt, aber im Kern zutreffend beschrieben:

»Es gehört zu den charakteristischen Merkmalen der deutschen Nachkriegsentwicklung, und zwar in beiden Teilen Deutschlands, daß technische und wirtschaftliche Leistung in der Skala der Werte wieder weit obenan stehen. Bis in den Sport hinein gelten die Bundesrepublik und die DDR in der internationalen Öffentlichkeit als die Staaten, in denen andere Werte als Leistungssteigerung und technische Modernität vergleichsweise ein Schattendasein führen. Zwar erheben beide deutsche Staaten den Anspruch, mit ihrem Leistungswillen für übergeordnete Ziele zu stehen, faktisch entwickelt sich jedoch ein Selbstverständnis der Deutschen, das fast ausschließlich vom Stolz auf technische und wirtschaftliche Werte bestimmt wird. D-Mark und Goldmedaillen bilden den Kern des deutschen Nationalbewußtseins.« (Berührung zwischen Vergangenheit und Zukunft, in: Politik und Kultur, Heft 3, 5. Jahrgang, Berlin 1978, S. 62 f.) Es fand dabei eine Art von Polarisierung oder Arbeitsteilung statt: Die Bundesrepublik rückte neben den USA und Japan zur Welt-Exportmacht, die DDR aber neben den USA und der Sowjetunion zur olympischen Weltmacht auf.

143 Nietzsche, Der Wille zur Macht. Versuch einer Umwertung aller Werte, in älteren Ausgaben: Erstes Buch, 12. – Da es sich um nachträglich und nicht selten fragwürdig geordnete Notizen und Aphorismen handelt, haben neuere Veröffentlichungen die frühere Systematik aufgehoben, und zum Beispiel bei Karl Schlechta heißt der Titel »Aus dem Nachlaß der Achtziger Jahre«. Weiter sei verwiesen auf die »Kritische Studienausgabe« in 15 Bänden, herausgegeben von G. Colli und M. Montinari, München 1980.

144 Heinrich Heine, Die romantische Schule, zuerst 1836, Erstes Buch.

145 Joachim Fest, Die schwierige Freiheit. Über die offene Flanke der offenen Gesellschaft, Berlin 1993, S. 22.

146 Noch in den siebziger Jahren, im Gefolge der Bewusstseinsrevolution von 1968, befand sich der Erziehungsoptimismus in einer Hochphase; wer es damals wagte, auf die Bedeutung von Erbanlagen hinzuweisen, wurde als »Faschist« gebrandmarkt. Inzwischen hat sich das Bild grundlegend verändert: Die Gentechnologie hat ihren Siegeszug angetreten. Der Eindruck, den sie macht – sowohl in den Hoffnungen, die man auf sie setzt, als auch in den Ängsten, die sie hervorruft –, spricht auf seine Weise vom epochalen Triumph der Anthropologie über die Geschichtsphilosophie.

147 Zum Antrieb des geschichtlichen Handels aus dem neuzeitlichen Geschichtsbewusstsein hat Karl Löwith pointiert gesagt: »Ohne ein ›epochales Bewusstsein‹ gäbe es auch kein epochales Geschehen, und ohne den modernen Fortschrittsglauben würde auch die Geschichte selbst auf andere Weise fortgehen. Es würde keine französische und russische Revolution geschehen sein ohne den überwältigenden Glauben an ein künftiges Heilsgeschehen. ›Der revolutionäre Wunsch, das Reich Gottes zu realisieren, ist der elastische Punkt aller progressiven Bildung und der Anfang der modernen Geschichte.‹ [Fr. Schlegel]«

Wenn es aber richtig ist, dass die Erwartung des Reiches Gottes und ihre revolutionäre Verweltlichung durch Rousseau und Marx in Robespierre und Lenin geschichtsmächtig wurde, dann besagt dies, dass unser geschichtliches Denken und unser historisches Bewusstsein tatsächlich Geschehnisse hervorbringt, die es ohne es so nicht geben würde. Am Ende werden wir gar nicht unmittelbar von der Dynamik der Geschichte bewegt, sondern diese von unserem historischen Bewusstsein, von der Art und Weise, wie wir geschichtlich denken.« (Die Dynamik der Geschichte und der Historismus, in: Eranos-Jahrbuch 1952, Band XXI, Zürich 1953, S. 221. Siehe von Löwith auch: Weltgeschichte und Heilsgeschehen; Sämtliche Schriften, Band 2, Stuttgart 1983) Es ist allerdings daran zu erinnern, dass die christliche Heilsbotschaft gerade auf der innerweltlich unabänderlichen Sündhaftigkeit des »alten Adam« beruht. Folgerichtig haben sich die revolutionären Bewegungen der Neuzeit stets feindlich gegen die Kirchen und ihre Verkündigung gewandt.

148 Alexis de Tocqueville, Über die Demokratie in Amerika, Erstes Buch, zuerst 1835; in der deutschen Ausgabe Stuttgart 1959: S. 399 ff. – Aus Tocquevilles Schilderung möchte man ableiten, dass seine Fahrt auf dem Ohio (und anschließend auf dem Mississippi) im Sommer stattfand. Tatsächlich erfolgte sie im November und Dezember 1831, als auf dem Ohio schon Eisschollen trieben, und sie schloss in der Nacht vom 26. zum 27. November einen dramatischen Schiffbruch ein. Siehe dazu: George Wilson Pierson, Tocqueville and Beaumont in America, New York 1938; als von Dudley C. Hunt gekürzte Taschenbuchausgabe unter dem Titel »Tocqueville in America«, New York 1959, S. 347 ff.

149 Siehe zum Selbstwertgefühl: Karl Bruno Leder, Nie wieder Krieg? Über die Friedensfähigkeit des Menschen, München 1982, S. 97, 131 und 70.

150 Siehe zu den Bedingungen von Hitlers Erfolg: Christian Graf von Krockow, Hitler und seine Deutschen, München 2001.

151 Joachim Fest: Wege zur Geschichte. Über Theodor Mommsen, Jacob Burckhardt und Golo Mann, Zürich 1992, S. 35.
Fest fährt an der zitierten Stelle fort: »Dieser Kunstgedanke erfüllt die ›Römische Geschichte‹ im einzelnen wie im ganzen, und ihr Erfolg hat ebenso damit zu tun wie die prinzipielle Kritik, auf die sie seit ihrem Erscheinen immer wieder gestoßen ist. Die Fähigkeit, das Geschehene im Vordergrund auf große Zusammenhänge zu beziehen, der glanzvolle Satz- und Periodenbau samt den rhetorischen Figuren von Wiederholung, Wortspiel, Zitat oder sentenzhafter Verdichtung, der spannungsteigernde Einsatz andeutender Vorgriffe oder retardierender Einschübe, der Reichtum an Bildern und glücklichen Metaphern oder die Kunst der Charakterisierung, die von Hannibal wie von Scipio Africanus, von Sully, Gracchus, Sertorius und vielen anderen unvergeßliche Porträts gezeichnet hat: Mit alledem hat Mommsen das tote Material, dem sich jeder Historiker gegenübersieht, zu anschaulichstem Leben erweckt und aus Staub und Asche die alte Welt in allen ihren Farben wiedererstehen lassen.« (S. 36)
Als Literatur zu Mommsen sei vor allem auf Lothar Wickert verwiesen: Theodor Mommsen. Eine Biographie. Vier Bände, Frankfurt am Main 1959 ff.

152 Max Weber, Politik als Beruf, in: Gesammelte Politische Schriften, zweite, erweiterte Auflage, herausgegeben von Johannes Winckelmann, Tübingen 1958, S. 548.

153 Bernard Crick, Eine Lanze für die Politik, München 1966, S. 198.

154 Die philosophischen Traditionen der Skepsis reichen von der Antike bis zur Gegenwart, etwa zu Odo Marquard. Wichtig ist aber auch die christliche Wurzel der Skepsis, die sich im Bilde des »alten Adam« gegen alle innerweltlichen Heilsentwürfe richtet. Zur Chance der Dauer politischer Ordnungen sei an die Skepsis erinnert, die die amerikanischen und die Bonner Verfassungsväter auszeichnete. Dagegen ist in der Begeisterung stets schon die Enttäuschung angelegt, die dann in die Unterdrückung und Verfolgung umschlägt; das zeigt sich an der französischen Revolution ebenso wie an der russischen. Für die Unterdrückung gilt wiederum, was Talleyrand zu Napoleon gesagt haben soll: »Die Bajonette, Sire, taugen zu allem, nur nicht, um sich darauf zu setzen.«

155 Siehe von Burckhardt: Über das Studium der Geschichte. Der Text der »Weltgeschichtlichen Betrachtungen« auf Grund der Vorarbeiten von Ernst Ziegler, München 1982.
Grundlegend zum Leben und Werk: Werner Kaegi, Jacob Burckhardt. Eine Biographie, sieben Bände, Basel 1947–1982. Wichtig sind von Burckhardt weiter: Briefe, bearbeitet von Max Burckhardt, sechs Bände, Basel und Stuttgart 1949–1966; Gesamtregister Basel 1994. Es sei noch verwiesen auf: Hans R. Guggisberg (Herausgeber), Umgang mit Jacob Burckhardt. Zwölf Studien, Basel und München 1994. Eine knappe, aber aufs Wesentliche zielende Darstellung bietet Joachim Fest, Das tragische und das wunderbare Schauspiel der Geschichte. Versuch über Jacob Burckhardt. In: Fest, Wege zur Geschichte, Zürich 1992, S. 71 ff.